장애아를 위한

「통합적 미술교육」

학지사

| 머리말 |

우리 시대는 문화의 시대라고 한다. 이제 문화는 한 국가의 정치 · 경제 · 사회를 포함한 제 분야를 아우르는 핵심으로 그 중요성은 날로 커져가고 있다. 때문에 미술교육에서 문화와의 소통이 중요한 화두가 되고 있다.

그동안 장애아 미술교육은 미술치료 분야뿐만 아니라 미적 표현을 통한 장애아들의 자아실현의 기회를 제공해 왔다. 미술은 인간의 삶 속에서 늘 존재해 왔으며 정신적 차원을 다루는 중요한 예술의 한 측면이자, 문화의 한 영역이다. 또한 미술은 과거 문화 속에서 오늘날의 문화를 창조하고 내일의 문화를 혁신시키는 고유한 역할을 수행해 왔으며 오늘날 미술은 문화의 중심에 확고하게 자리 잡고 있다. 즉, 미술은 시각적 즐거움만을 주기 위해 존재하는 것이 아니라 작가의 철학과 사고가 담겨져 있으며, 작가와 작품은 그 시대 문화가 만든 산물이다. 그러므로 미술을 이해하기 위해서는 당대 문화와의 연관성 속에서 읽어야 한다.

오늘날 우리 사회는 IT 혁명과 멀티미디어 등 첨단 정보과학기술의 발달로 인하여 지식과 정보가 매우 빠른 속도로 이루어지고 문화의 소통 또한 로컬리즘적인 한계에서 벗어나 글로벌화되고 있다. 이렇듯 엄청난 속도로 증가하는 지식과 정보에 보조를 맞추어 변화하는 환경에 적응하기 위해서는 그러한 사회, 문화와의 원활한 의사소통 능력을 배양하고, 문화적 이해능력을 극대화해야 해야 한다. 즉, 문화적 소통과 이해가 삶의 질을 결정하는 핵심적인 요소가 되고 있기 때문이다.

이러한 문화중심의 사회는 유연성과 다양성을 핵심개념으로 가지고 있기 때문에 다원적인 가치관이 지배를 한다. 인간과 문화를 중심과 주변으로 차별하는 것이 아니라 각 개체적으로 모두 의미가 있는 것으로 인정된다. 때문에 개별과 개별들의 동등한 통합이 일어날 수밖에 없다.

이러한 시대적 변화에 상응하면서 통합적인 미술교육에 대한 관심이 대두되고 있다. 미술에 대한 시각도 통합적 교육과 비평적 사고능력을 높이고 자신이 살고 있는 시대와 문화에 대한 이해를 높이는 문화적 차원에서 이해되고 있다. 즉, 미술을 독립된 교과가 아닌 다양한 예술장르와 학문영역과의 통합, 사회 · 문화 · 환경과의 통합 등을 시도함으로써 보다 넓은 안목으로 미술을 인식하고 있는 것이다.

그러나 아직도 장애아 미술교육은 치료를 위한 목적으로, 또는 지난 시대의 시각에 머무르고 있는 수준이 현실이다.

장애아에게 있어 미술은 세상과 소통할 수 있는 통로가 되며 삶의 활력과 행복감을 가져다주어 현실의 어려움을 이겨 낼 수 있는 힘을 준다. 즉, 자신이 누구인지 자아정체성을 확고하게 하여 사회와 완전하게 통합할 수 있도록 도와준다.

이 책은 변화하는 우리 시대에 부합한 장애아 미술교육을 위하여 구체적인 미술교육 내용과 교수방법 등에 대하여 소개하고 있다. 이 책은 필자의 박사학위논문인 「장애아를 위한 통합적 미술교육 프로그램에 관한 연구」를 단행본의 형식에 맞추어 재정리하여 출간하게 되었다.

이 책이 단행본으로써 세상과 소통할 수 있도록 기회를 주신 학지사의 김진환 사장님과 늘 섬세하고 정성스런 편집을 아끼지 않는 이세희 과장에게 감사의 마음을 전한다.

2008년 6월

양경희

추신: 이 연구는 다른 장애에 비해 출현율이 월등히 많은 지적 장애아와 미술교육에서 소외되어 있는 시각장애아들을 중심으로 집필되었으나, 다른 장애아에게도 적용이 가능함을 알려둔다.

| 차 례 |

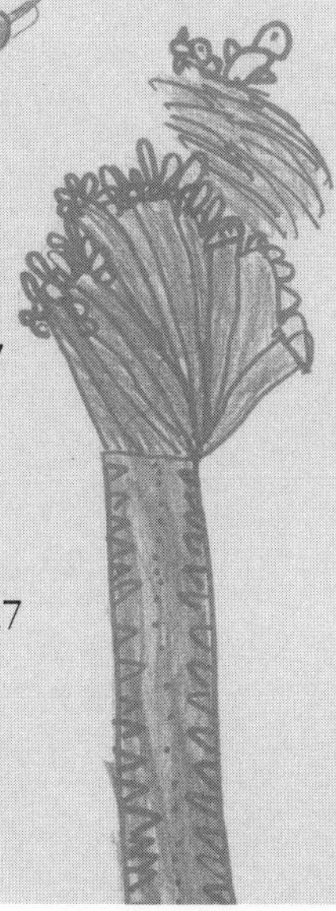

C/H/A/P/T/E/R 1

장애아 미술교육의 의의

후기산업사회에 들어서면서 장애아에 대한 생각들이 상대적이고 다원화되었으며 장애아 미술교육에 대한 생각도 변화하였다. 포스트모더니즘의 정착에 의해서 미술의 범위와 주체가 확대되고 다원화되면서 장애아들도 미술활동에 자연스럽게 참여할 수 있는 분위기가 조성되었다. 그리고 미술표현에 있어서 우연성, 원시성, 비합리성, 환상성이 강조됨에 따라 유아, 장애아의 미술작품에 대한 의미와 가치를 새롭게 인식하게 되었다(강영주, 2006).

일반적으로 감각에 장애가 있든, 인지능력에 장애가 있든, 정서에 장애가 있든 장애가 있으면 그들의 미술작품에도 뭔가 문제가 있으며 예술적 가치가 낮을 것이라 생각한다. 특히 미술은 시각예술이라 생각하기 때문에 시각에 장애가 있는 사람들의 미술표현에 대해서는 더욱 부정적인 생각을 가지고 있다. 하지만 이는 미술과 시각장애인에 대한 편견에서 비롯된 것이다. 시각장애인의 미술에 대하여 연구한다고 하면 언뜻 '역설적인 이중성을 즐기려는 태도가 아닌가.' 하고 가볍게 생각하는 사람들도 있다. 그러나 눈으로 보지 못하는 시각장애인들도 냄새와 소리, 맛, 촉각, 몸 전체를 이용하여 그들이 체험하는 세계를 표현하려고 노력한다. 여기에서 시각장애인들이 미술활동을 할 수 있다는 근거를 발견할 수 있다. 미술은 미를 체험하고 체험한 미를 표현하는 장르이기 때문이다. 시각장애인들과 함께 미술작업을 하다 보면 인간이 미술을 매개로 뭔가를 표현한다는 것에 대하여 근본적으로 생각하게 된다.

'미술로써 표현한다는 것은 무엇을 의미하는가?' '진정한 미술표현은 무엇인가?' '눈으로 볼 수 있는 것이 과연 모든 것을 볼 수 있는 것인가?' '눈으로 세상을 바라보는 우리는 관념적인 편견에 좌우되기 쉬운 것은 아닌가?' 라는 의문을 갖게 된다. 이러한 의문을 갖게 하면서 오히려 '대상을 자신의 온몸을 이용한 공감각적인 체험으로 이해하는 시각장애아들의 시력이 오히려 정안아(正眼兒)보다 더 풍요롭고 직접적인 눈으로 세계를 바라보는 것은 아닌가?' 생각하게 되는 것이다.

우리는 대부분 시각에 의존하며 살아간다. 그러나 어떤 대상을 눈으로 본다는 것은 지금 눈앞에 보이는 면만을 보는 것인데 대부분 보이는 것이 전체라고 생각한다. 하지만 눈에 보이는 것이 전체는 아니다. 즉, 너무 시각에 의존하다 보면 그 대상의 전체를 놓치게 되는 것이다(Merleau-Ponty, 2002). 시각장애아에게 포크를 그려 보라고 하였더니 점 3개를 찍어 표현한 사례가 있었다. 이는 정안아에게서는 나오기 힘든 표현이다. 정안아들은 주로 사물의 외형을 중심으로 보기 때문이다. 그러나 대상을 시신경에 비춰지는 그대로 그리는 그림만이 사실적인 그림은 아니다. 선 하나로 하늘과 땅을 표현할 수 있으며 몇 가닥의 선과 점만으로 이 세상을 모두 담아 낼 수 있는 것이다(Van Loon , 2004). 또한 첨단 영상매체가 발달함에 따라 현대미술에서는 대상을 단지 눈에 보이는 그대로 똑같이 그려 내는 것은 의미가 없어졌다. 어쩌면 지금 망막에 비춰지는 모습 그대로 그리는 것보다 몇 개의 점과 선만으로 이루어진 고도로 절제된 표현이 진실일 수 있다. 마치 인상주의 화가들이 시간 속에서 순간순간 생성되어 가는 것을 표현함으로써 영원한 것, 보편적인 것, 절대적인 것을 추구하던 서구 고전철학을 부정하였듯이(이정우, 2006) 눈에 보이는 것은 내가 보고 있는 동안에도 계속 변하고 있기 때문이다.

미술에 있어 시각장애아 다음으로 가장 오해를 많이 받는 장애가 지적 장애아다. 보통 지적 장애아의 그림은 어린아이의 낙서나 장난 수준일 것이라 미루어 짐작해 버린다. 그것 또한 미술과 지적발달지체에 대한 잘못된 인식에서 오는 것이다. 비장애아들도 각자 기질과 취향과 소질이 다르듯 지적 장애아도 특별히 좋아하는 분야가 있다. 그들 중에도 미술에 관심이 있고 즐기는 아동이 있다. 그들의 그림을 보고 있으면 때묻지 않은 인간의 순수하고 원초적인 모습을 만날 수 있다. 모든 예술은 인간 삶의 한 단면들이다. 지적 장애아들의 그림은 인간이라는 보편자가 갖고 있는 한 단면을 그림으로 나타내고 있다. 그 그림 속에는 우리들이 자신도 모르는 사이에 길들여 있던 인식의 틀을 벗어나게 하는 독특한 이미지가 있다. 평소 모르고 있던 또 우리가 너무나 익숙해져 있던 것과는 뭔가 다른 것이 담겨져 있다. 그래서 우리들로 하여금 또 다른 세계를 만날 수 있게 해 주는 것이다.

포스트모더니즘의 특징들은 동양의 전통에서도 발견할 수 있다. '기(氣)' 와 '영혼' 등과 같은 초이성적인 사유와 물질적 차원을 넘어 세계에 대해 과학적, 실증적 차원에서 논의하게 됨에 따라(박병운 외, 1997), 미술표현에 있어서도 외형적, 형식적, 기능적인 면을 중심으로 바라보기보다는 대상과의 깊은 교감을 강조하게 되었다.

교육현장에서 장애아들에게 미술교육을 하다 보면 학부모들로부터 가장 많이 듣는 말이 "미술을 하고부터 우리 애가 기가 살아났어요!" 라는 말이다. 기는 마음과 깊이 연관되어 있다. '신경을 쓰다' '마음 쓰다' 는 말과 같이 일상용어에도 반영되어 있듯이 물리적인 일을 하지 않았음에도 불구하고 피로를 느끼고 기운이 빠지는 것을 느낄 때가 있다. 우리는 뭔가 좋아하는 일을 할 때 그리고 그 일로 인해 존재감을 느끼고 자신의 가치를 인정받았을 때 기운이 솟는다. 기분이 좋을 때 뇌에서는 신경전달물질인 엔도르핀 류의 분비가 높아지게 되는데 여기서 기(氣)는 엔도르핀과 같은 것이다(손병규, 1992). 맹자는 의지를 하나로 집중하면 기를 움직일 수 있고 또한 기가 전일하게 집중하면 의지를 움직일 수 있다고 하였다(손병규, 1992). 기란 우주의 모든

곳을 채우는 우주, 자연, 인간 등 만물의 생성원리이자 실질적인 힘이다. 미술은 장애아로 하여금 기운이 솟고 의지를 길러 줄 뿐 아니라 기가 잘 통하게 해 주는 예술장르라고 할 수 있다. 우리가 컵을 볼 때 서양식으로 말하면 어떤 감각 자료를 수용하여 '나의 오성이 판단한다.' 고 하는데 기의 세계관에서는 '나와 컵의 기가 통한다.' 라고 한다. 왕양명은 깨진 기왓장을 보고도 슬픔을 느낀다고 하였는데 그 깨진 기왓장과 내 마음이 서로 기가 통한다는 것이다(남기영 외, 1997). 미술로 뭔가를 표현한다는 것은 서로 기가 통하고 교감하는 것이다. 종이 위에 붓으로 나무를 그린다고 했을 때 나무와 종이와 붓이 기가 통해야 하는 것이다.

우리 시대 장애아 미술교육의 중요성은 장애아에게 기를 살려 주어 살아가는 기쁨을 깨닫고, 자신을 소중히 여기며 사물에 대한 깊은 교감을 통하여 의사소통 능력을 향상시키고 세상을 깊이 있게 바라볼 수 있도록 도와주는 것이다.

비장애아동이 좋아하는 것은 장애아도 좋아한다. 장애아라고 다르지 않다. 언뜻 들으면 이해가 안 갈지 모르나 시각장애아 중에도 디자이너가 되고 싶어 하는 아동이 있으며 지적 장애아 중에도 화가가 되고 싶어 하는 아동이 있다.

장애아와 함께 미술작업을 하다 보면 비장애아에 비해 그들이 훨씬 자신의 내부의 소리에 귀 기울이는 것을 발견할 수 있다. 장애아들은 비장애아에 비해 오히려 자신의 깊은 내면에서부터 들려오는 진정한 자신만의 목소리에 귀를 기울이는 경우가 많다. 이러한 장애아들은 미술활동 그 자체를 즐기면서 깊이 빠져들기도 한다. 혼신을 다해 미술활동을 하는 것이다. 인간은 정신과 신체와 영혼이 함께하는 존재다. 비록 육체와 정신 중 어느 한 부분에 장애가 있다고 하더라도 그들의 영혼까지 장애가 있는 것은 아니다. 예로부터 우리 선조들은 사람만이 아니라 동식물, 무기물, 심지어 티끌도 생명과 마음, 혼의 존재를 인정하고 그 마음을 감동시킴으로써 예술의 최고 경지인 짐승과 물건까지도 감동시키는 경지에 도달한 작품을 좋은 작품으로 인정해 왔다(김지하, 2002). 장애아들이 혼신을 기울여 자신의 미술작품을 만든다면 당연히 그 작품은 좋은 작품이라 할 수 있다.

이렇듯 미술은 장애아들에게 중요한 예술장르로 발전하고 있다. 우리 시대 미술에 대한 생각과 미술활동이 변하고 있는 상황에서 장애아 미술에 대하여 편견을 가진다는 것은 시대착오적이다. 특히 미술교육 현장에서 장애아와 비장애아를 차별적으로 구분짓고 장애아 미술에 대한 관심이 치료적 입장에 집중되어 있는 것은 더욱 문제다. 장애아에게 미술은 치료적인 수단 이상의 의미를 가지고 있다. 즉, 미술은 치료적 측면만이 아닌 다양한 면을 가지고 있다.

미술은 감각적인 예술이 아니라 정신과 감각이 변증법적으로 결합된 영혼의 예술이다. 물리적으로 몇 그램의 종이일 뿐인 한 폭의 그림 속에는 인간이 추구하는 이데아, 간절히 바라는 소망, 영원한 진리라 믿는 종교, 새로운 세계에 대한 도전, 그 시대의 철학과 사고와 역사가 모두 담겨 있다. 우리는 대자연의 아름다운 장관 앞에서 마음속 깊이 느껴지는 감동을 그림으로 표현하기도 하고, 조선의 선비처럼 일 획의 힘찬 필치로 영혼이 깃들어 있는 한 폭의 난을 치기도 한다. 고흐가 그린 〈구두〉에는 거친 바람이 부는 넓게 펼쳐진 밭고랑을 천천히 걷는 강인함이, 대지의 습기와 풍요함이, 빵의 확보를 위한 불평 없는 근심과 다시 고난을 극복한 뒤의 맛보는 기쁨이 깃들어 있다(Heidegger, 1997). 오로스코의 〈깃발〉에는 맨발, 임산부, 남자가 가는 길 쪽의 어슴푸레한 분위기, 작품의 중앙에 있는 무거운 느낌의 깃발을 통해 사랑하는 사람을 떠나 전쟁터로 가는 느낌이 어떤 것인지를 그림으로써 전쟁의 암울함을 표현하였다(Eisner, 1995). 한 폭의 그림이 우리로 하여금 사물의 본질을 생각해 보게 하며 삶에 있어 진정 소중한 것이 무엇인가를 각성하게 해 주는 것이다. 현 세계에서의 무수한 면(관점)들을 깨달은 세잔은 사물의 다각적인 파악을 시도함으로써 입체주의 미술에 커다란 영향을 주었다. 피카소의 입체주의 미술은 단지 재미난 상상력이 아닌, 현실세계와 가능세계를 하나의 면 위에 역동적으로 혼재시킴으로써 우리 지각의 지평을 크게 확장해 주었다. 어떤 의미에서 미술은 '만든다' 는 개념이 아니라 '찾아낸다' 는 의미에 가깝다. 이는 미술가가 기술자와는 달리 기존질서와 개념을 벗어나 저항적인 자세로 새로운 세계를 찾아내는 과정을 가지기 때문이다(최재영, 2004).

인간과 세계에 대해 총체적으로 안다는 것은 신이 아닌 이상 불가능하다. 그러나 예술만큼 인간과 세계에 대하여 총체적으로 다루는 분야는 없다. 경제학은 인간의 경제생활과 경제활동을, 사회학은 인간과 사회와의 관계를, 심리학은 인간의 심리를, 물리학은 물질들 간의 관계를, 생물학은 생명활동의 제반 과학적 법칙을, 정치학은 인간 정치활동의 제반 메커니즘을 문제삼는다. 철학 역시도 보편적이고 추상적인 개념을 통해 인간을 문제삼는다는 점에서 구체적인 형상화를 통해 인간의 온 모습을 한꺼번에 논하는 예술과는 차원이 다르다.

때문에 미술은 우리를 행복하게 해 준다. 그림을 볼 때, 특히 새로운 그림을 볼 때 우리는 영혼의 해방감을 느끼고 눈을 다시 열게 된다. 그것은 새로운 그림이 내가 만날 수 없었던 면들, 내가 알 수 없었던 세계들을 드러내 보여 주기 때문이다. 새로운 그림은 우리 관점의 빗장을 깨부수고 새로운 세계를 우리 앞에 펼쳐 보인다. 그것은 어떤 주관과의 만남이지만 근본적으로는 객관의 더 넓은 지평과의 만남이다. 좋은 그림과의 만남은 세계의 발견이고 세계와의 새로운 만남이다(이정우, 2006).

그러므로 장애아를 위한 미술교육은 장애아들의 전인적인 성장과 발달, 통합적인 인격형성과 함께 미술이 가지고 있는 무궁한 세계를 접할 수 있게 만들어 주어 보다 풍요로운 삶을 살아갈 수 있도록 해 주는 교육인 것이다.

C/H/A/P/T/E/R 2

미술교육과정의 통합적 조류

교육과정은 당대 사회가 추구하는 이상적인 인간육성이라는 교육목표를 달성하기 위하여 선택된 교육내용과 학습활동을 체계적으로 편성 · 조직한 것이다. 이 장에서는 후기산업사회로 변모하고 있는 환경 속에서 미술교육과정이 어떻게 변화하고 있는가를 살펴보고자 한다.

1960년대 이후 서구에서는 후기산업사회(post-industrial society)에 대한 논의들이 활발하게 전개되고 포스트모더니즘(postmodernism)이란 담론이 새롭게 대두되었다.

후기 산업사회는 물질문명의 급속한 발전과 함께 정보통신기술의 비약적인 발전으로 탄생한 정보미디어 사회를 일컫는다. 즉, 후기산업사회는 포디즘(fordism)적인 사회에서 벗어나 포스트포디즘(post-fordism)적인 사회로 이전되고 있는 사회를 말한다. 포스트포디즘 사회는 정보통신기술의 도움으로 유연성과 다양성이 핵심이다. 포스트포디즘 사회는 포디즘 사회가 중앙집중화되어 있는 데 반하여 탈집중화를 추구하고, 포디즘 사회가 수직적으로 체계화되어 있는 데 반하여 수평적 체계로 구조화되고, 포디즘 사회가 대량생산 대량소비 사회인 데 반하여 주문생산 필요소비 사회라는 특징을 가지고 있다. 이러한 사회구조의 변화는 포스트모더니즘이라는 문화를 불러왔다. 본래 '포스트모더니티(postmodernity)' 라는 용어는 1960년대 이후 획일적이고 경직된 권위주의 문화에 대한 반발로 생겨났다. 즉, 모더니즘의 '진보성' 의 허울에 대항한 새로운 움직임으로 탄생한 문화가 포스트모더니티다(한준상, 1999). 이렇듯 포스트모더니즘은 인간문명의 무한한 진보라는 근대적 가치에 대한 회의에서 출발했다. 근대사회는 이성에 대한 믿음이 고정화되어 이성중심주의로 정착되었고, 이러한 이성중심주의는 중심과 주변, 문명과 야만, 정상과 비정상 등 인간 삶의 모든 것들을 구분짓고 차별화시켰다.

리오타르(Jean-Francois Lyotard)는 포스트모더니티를 19세기 말 이래 과학, 문학, 예술 분야의 여러 가지 변화들과 그 변화에 따른 현대 서구의 문화상황을 지칭하는 말로서 그 중심된 특징으로는 '거대담론의 위기' 로 보고 있다(Lyotard, 1992). 거대담론은 인간 삶의 모든 양상을 합리적으로 호명하기 위한 메타담론이라고 할 수 있다. 이러한 거대담론의 위기는 산업사회의 합리적 질서체계에 대한 위기라고도 할 수 있다. 거대담론의 중심에는 계몽서사가 자리 잡고 있다. 계몽서사는 인간의 보편적 합리성에 대한 합의와 문명진보에 대한 긍정적 신념을 기준으로 하여 역사와 문화에 대한 재배열과 재배치를 하였다. 하지만 이러한 근대와 거대담론에 대한 신화는 세계대전과 문명과 문명과의 대결, 생태환경의 파괴 등 일련의 역사적인 경험에 의해서 흔들리기 시작했다(Lyotard, 1993). 근대 유럽의 이성중심주의 교육, 산업혁명 이후의 대량생산 체제를 닮은 공장식 교육, 식민지와 시장 확장을 위한 교육 등이 세계 양차 대전과 양자역학, 상대성이론, 열역학 제2법칙, 분자생물학의 발달, 뇌세포 속의 화학작용에 관한 연구 등이 이루어지면서 그 허구성과 한계를 드러냈고, 뉴턴과 데카르트에 의해 정착된 기계론적 물질관과 심신이원론을 강력히 비판하면서 심신일원론과 생태론적이고 전체론적인 세계관이 대두되었다(Miller, 2000).

이러한 근대 산업사회에 대한 문제제기와 대안 모색이 바로 포스트모더니즘이라고 할 수 있다. 그런데 포스트모더니즘에 대한 개념은 아직까지도 모호하다. 이성중심주의에 대한 반발로 포스트모더니즘이 탄생했다는 점에서 처음부터 정전(canon)적인 개념 규정을 할 수 없는 것도 있겠지만, 논의하는 학자들마다 포스트모더니즘에 대한 개념 규정이 상이하다(Mike Featherstone, 1988). 포스트모더니즘은 흑백의 선택논리 관점이 아니라 그 모두를 수용하는 관점이다. 즉, 다양성과 변화가능성을 모두 수용하는 새로운 입장이다(한준상, 1999).

일반적으로 포스트모더니즘의 주요 인식소는 불확정성(indeterminacy), 단편화(fragmentation), 탈정전화(decanonization), 이종혼합(hybridization), 대중주의(populism), 재현불가능성(unrepresentable), 보편내재성(immanence), 퍼포먼스(performance), 참여(participation)라고 할 수 있다(정정호, 이소영 편, 1991).

이러한 논의들을 종합하여 포스트모더니즘의 성격을 살펴보면 다음과 같다.

첫째, 포스트모더니즘은 현대의 이성중심주의와 형이상학에 대한 근본적인 비판이다. 둘째, 포스트모더니즘에서는 세계를 하이젠베르크의 양자역학과 같이 불확정적인 것으로 간주하고 있다. 때문에 세계는 시공간적 관계망 속에서 끊임없이 새롭게 구조화된다. 셋째, 포스트모더니즘은 이분법적인 이원론을 비판하고 상대적 자율성을 기본으로 하는 전체론을 표방한다. 넷째, 포스트모더니즘은 탈중심화와 다원주의를 강조한다. 즉, 보편적인 이성을 거부하고 우연성, 다양성, 지역성, 차이성, 구체성, 타자성(他者性) 등을 강조한다. 문화의 보편성이나 생활양식의 동일성을 추구하지 않고 다양하고 새로운 생활양식과 사고방식을 추구하며, 또 그것이 인정받고 정당화되는 다원주의 문화논리라고 할 수 있다. 이러한 다원주의에서는 중심과 주변으로 차별되는 것이 아니라 개별과 개별이 다 의미가 있는 것으로 인정되기 때문에 개별과 개별들의 동등한 통합이 일어날 수밖에 없다.

이러한 후기산업사회와 포스트모더니즘이라고 하는 시대적 변화에 따라 교과과정도 변화하였다. 즉, 사회 · 문화적인 변화에 따라서 교육에 대한 사회구성원의 요구가 달라지고 있으며, 교육도 문화에 대한 비평적 사고능력을 함양하는 경향으로 바꿔어 가고 있다. 현재 제 교육과정은 후기산업사회의 특성과 포스트모더니즘 이론이 그 기저를 이루고 있다. 이러한 교과과정은 주관주의에서 객관주의로의 변화, 보수주의에서 급진개혁주의로, 양에서 질로, 결과주의에서 과정주의로, 고정적 닫힌 교육에서 열린교육으로, 공급자 중심에서 수요자 중심으로, 보편성에서 특성성의 강조로, 분과주의에서 통합주의로 전환되는 것이 특색이다. 더 나아가 교과 간 연계성이 유지되어 학습활동이 생활장면에서 통합되는 '생활 중심의 통합학습활동' 으로 구성되도록 하고 있다(교육부, 1998).

미술교육과정 또한 후기산업사회로의 변화와 상응하면서 통합적인 미술교육에 대한 관심이 대두되었다. 구성주의 미술교육과정, 다문화주의 미술교육과정 등 후기산업사회의 미술교육과정은 포스트모더니즘에 이론적 배경을 두고 있으며, 미술을 개별적인 예술장르로 보는 것이 아니라 통합적 교육을 통해 비평적 사고능력을 높이고 자신이 살고 있는 시대와 문화에 대한 이해를 높이는 문화적 차원에서 이해하고 있다. 즉, 미술을 독립된 교과가 아닌 시대와 문화라는 관점에서 다양한 학문영역과의 통합, 사회환경과의 통합 등을 시도함으로써 보다 넓은 안목으로 미술을 접할 수 있도록 하고 있다.

그러나 현재 학교현장에서는 장애아 미술교육을 담당하고 있는 교사들이 새로운 조류에 호응을 못하고 있으며, 교육과정 속에서 사회 · 문화적 맥락과 미술, 음악, 동작, 문학 등을 아우르는 통합적 접근에 대한 구체적인 방법과 지침이 명시되어 있지 않아 장애아 미술교육이 원활하게 이루어지고 있지 못한 형편이다(양경희, 2007). 이러한 실상을 살펴보면 다음과 같다.

첫째, 현장의 교사들은 후기산업사회에서의 미술교육 경향에 대한 인식이 부족하고 교사들이 수행하고 있는 장애아 미술교육 또한 새로운 흐름을 반영하지 못하고 있다. 즉, 효과적인 미술교육을 위하여 미술에 대한 다원적인 접근과 인접 예술활동과 사회 · 문화적인 통합이 필요함에도 불구하고 이를 제대로 수행하지 못하고 있다.

교육부는 교육이 후기산업사회, 즉 정보화, 세계화 사회라는 시대적 흐름에 맞추어 교육과정이 분리주의 경향에서 통합주의 경향으로 변화되도록 해야 한다고 보고 있으며, 학교에서 가르치는 지식의 사회 · 문화적 맥락이 중요하다고 강조하고 있다(교육부, 1998). 또한 현재 특수학교 유치부 교육과정은 기본교육과정 및 일반 유치원 교육과정에 의하도록 되어 있으며, 일반 유치원 교육과정에서 유아의 예술활동에 관련하여 '유아들은 분리된 내용영역보다는 통합된 전체로서 경험하고 배우는 것이 더 효과적이므로 예술적 활동인 음악, 조형, 동작 등은 단편적이고 분리된 기술 습득보다는 통합적 활동으로 제공되는 것이 바람직하다.' 라는 내용을 명시하고 있다(교육부, 1998).

그러나 현장에서의 장애아 미술교육은 대부분 통합적 활동보다는 각 영역이 분리되어 적용되고 있다. 이와 같은 사실은 〈표 2-1〉과 〈표 2-2〉에 제시된 특수학교 유치부 연간 미술활동 계획에서도 확인할 수 있다.

〈표 2-1〉 서울소재 A 특수학교 유치부 연간 미술활동 계획

월	단원	주	기간	제재	지도내용
3	즐거운 유치원	1	2~3	우리 유치원	진단평가
		2	6~10	우리 교실	종이접시로 우리 얼굴 만들기
		3	13~17	내 친구들	스펀지를 이용하여 그림 꾸미기
		4	20~24	나도 할 수 있어요	데칼코마니
4	봄	5	27~31	봄의 동물	신문지 이용하여 찍기
		6	3~7		손바닥 찍기
		7	10~14	봄의 식물	소금 물들이기
		8	17~20		밀가루 점토 놀이하기
		9	24~28	봄의 소리	여러 가지 모양 찍기
5	나의 우리 집	10	1~4	나의 몸	쿠킹 포일로 사람 만들기
		11	8~12	우리 집	손가락으로 물감 찍기
		12	16~19	우리나라	면봉으로 우리나라 지도 꾸미기
		13	22~26	집 안의 물건	헝겊 콜라주(다양한 촉감자료)

6	동물	14	29~2	집짐승	종이 염색하기
		15	5~9	동물	어항 만들기
		16	12~16	물에 사는 동물	밀가루 풀 그림 그리기
		17	19~23	새	슬리퍼 만들기
		18	26~30	여름철의 날씨	모래 종이로 그리기
7	여름	19	3~7	여름철의 놀이	색종이 찢어 밑그림에 붙이기
		20	10~14	여름방학이 기다려져요	주변 물체 이용하여 찍기
		21	18~21	여름방학을 건강하게	색종이 붙이기
9	교통기관	22	28~1	여러 가지 탈것	잡지 오려 붙이기
		23	4~8	교통질서 지키기	색종이로 꾸미기
		24	11~15	편리해요	나뭇잎으로 꾸미기
		25	18~22	재미있는 공놀이	포일에 그림 그리기, 나뭇잎 찍기
		26	25~29		
10	가을	27	2~4	우리나라 가을의 동식물	색솜 그리기, 번지기
		28	9~13		
		29	16~20	가을을 느껴요	마음대로 그리기
		30	23~27	여러 가지 모양	마음대로 그리기
		31	30~3	사계절	화선지에 그림 그리기
11	우리 동네	32	6~10	시장과 백화점	인디언 모자 만들기
		33	13~17	은행과 우체국	실 당기기
		34	20~24	병원과 약국	연필에 실 감아 굴리기
		35	27~1	경찰서와 소방서	물감 흘리기
12	겨울	36	4~8	겨울철의 날씨	협동화 그리기
		37	11~15	겨울놀이	마음대로 그리기
		38	18~22		크리스마스 장식하기
		39	31~2	산타할아버지 오신대요	성탄카드 만들기
2	달라졌어요	40	5~9	이만큼 자랐어요	상상해서 그리기
		41	12~14	마무리를 해요	

〈표 2-2〉 경기도 소재 B 특수학교 연간 미술활동 계획

월	주	교과
3	1	진단평가
	2	〃
	3	움직여 보아요 – 손으로 표현해요
	4	– 입술로 표현해요
	5	따라해 보아요 – 무늬 찍기
4	6	– 색종이 안에 색칠하기
	7	여러 가지 모양 – 종이 모양에 어울리게 그리기
	8	– 여러 가지 모양의 종이로 꾸미기
	9	– 카네이션 만들기
5	10	– 여러 가지 모양으로 베끼기
	11	– 스승의 날 감사 카드 만들기
	12	나는 누구일까요 – 콜라주
	13	– 음식 나무 꾸미기
6	14	– 찰흙으로 만들기
	15	할 수 있어요 – 종이상자로 만들기
	16	– 몸치장에 필요한 것 만들기
	17	색깔놀이 – 비눗방울 그림
	18	총정리
7	19	– 색안경 만들기
	20	동화나라 – 음악 들으며 느낌 나타내기
	21	– 선긋기로 그림 완성하기
8	22	방학 과제물 발표
9	23	두꺼비 집 – 모래 그림
	24	– 붓과 분무기로 바다 그리기
	25	– 물고기 모빌 만들기
	26	– 구슬로 색칠하기
10	27	– 실로 그리기
	28	– 야채로 찍기
	29	동화책 읽고 그리기
	30	우리 가족 – 액자 만들기

11	31	- 특징 살려 그리기
	32	축하해요 - 축하할 때 쓰일 것 만들기
	33	소꿉놀이 - 그릇 만들기
	34	포스터 그리기
	35	소리가 나요 - 전화기 만들기
12	36	- 악기 만들기
	37	만들기 - 크리스마스카드 만들기
	38	총정리
	39	즐거운 날 - 장난감 만들기
2	40	우리 집의 식물과 동물 - 동물 접기
	41	- 여러 가지 모양 만들어 찍기

A학교의 미술교육활동 내용인 종이접시로 우리 얼굴 만들기, 스펀지 이용하여 그림 꾸미기, 신문지 이용하여 찍기(꾸미기에 해당), 쿠킹 포일로 사람 만들기 등과 B학교의 미술교육활동 내용인 무늬 찍기, 색종이 안에 색칠하기, 종이모양에 어울리게 그리기, 여러 가지 모양의 종이로 꾸미기 등에서 나타난 것과 같이 미술교육의 내용이 주로 만들기, 그리기, 꾸미기 등의 활동으로 이루어져 있으며 그리기, 만들기, 꾸미기의 각 활동이 한 주에 하나씩 분리되어 있고 미술활동과 음악, 동작, 극놀이 등의 활동이 함께 통합적으로 제시되어 있지 않다. 즉, 현재 유아미술교육은 건강생활, 사회생활, 표현생활, 언어생활, 탐구생활 등 생활주제를 중심으로 미술활동을 다른 활동들과 연계하여 운영하는 것에 중점을 두고 있으며 미술활동을 위한 통합교육은 잘 이루어지지 않고 있다.

비장애아동의 사고는 개념적, 추상적이지만 비장애유아와 지적 장애아의 사고는 감각운동적이다. 머리로 사고하는 것이 아니라 몸으로 느껴서 사고하는 것이다. 그러므로 지적 장애아의 미술교육은 생활과 직결된 구체적, 직접적인 상황을 감각이나 행동을 통하여 통합적으로 체험하는 방법을 택해야 하며(Ingalls, 1987), 시각장애아의 경우도 비장애아에 비하여 미술적 개념을 이해하는 데 있어 어려움이 있으므로 다감각적이면서 신체의 움직임을 골고루 활용한 학습이 필요하다(Wellman, 1994).

미술의 통합적 접근은 하나의 미술활동 내에서 미술과 인접 예술활동이 통합적으로 다루어져 한다. 즉, 미술을 중심으로 음악과 문학, 동작, 신체표현 등의 인접 예술 활동이 통합적으로 이루어지며 그 활동 안에서 미술교육 내용인 탐색, 감상, 표현활동과 미술영역인 그리기, 만들기, 꾸미기가 동시에 이루어지고, 미술의 요소인 형, 공간, 빛깔, 질감의 개념을 경험하게 되는 총체적인 성격을 띠어야 하는 것이다.

둘째, 교사들은 대부분 모든 장애아동에게 미술치료가 필요하다고 생각하고 있으며, 미술에 관련된 교육활동의 명칭으로 미술교육보다는 미술치료가 더 많이 쓰이고 있다. 이는 선행 연구에서도 살펴보았듯이 장애아 미술에 대한 관심이 아직도 미술활동을 통한 미적 표현과 향유보다 치료적 입장에 관심이 집중되어 있는 것을 나타내는 것이다.

특수교육학을 학문적 계보에서 보면 그 방법론에서나 이론의 구성 면에서 의학, 심리학과 밀접한 관련을 가지고 있다. 특히 지적 장애를 가지고 있는 아동의 경우 그 선구자였던 피넬(Pinel)이나 이타르(Itard) 등은 의사였고, 비네(Binet)는 심리학자였으며, 몬테소리(Montessori), 데크롤리(Decrory), 월론(Wallon) 등은 의사이자 심리학자였다. 그러나 맹교육이나 농교육과 같이 감각기관에 단일장애를 지닌 아동의 교육연구는 의학이나 심리학과의 관계가 그리 밀접하지 않다. 또한 지금까지 특수교육에 대한 의학적, 심리학적 연구는 교수학 및 훈련학으로서 협의의 교육학과 결부지어 많은 성과를 거두었으나 거기에 비해 특수교육에 대한 사회적 연구에 대해서는 미흡했다는 지적이 있다(김정권, 이유훈, 2002).

지금까지 심리학과 의학에 계보를 두고 발달해 온 특수교육학의 영향으로 장애아를 위한 미술이라면 당연히 미술치료를 떠올리게 되는 것이다. 반면 미술교육은 심리학 외에도 철학과 사회학 등의 학문에 기반을 두고 있으며 인간과 삶에 대하여 보다 전체적인 관점에서 바라봄으로써 아동이 내적 통합과 외적 통합이 균형을 이루어 성장하는 데 중점을 두고 있다.

미술치료와 미술교육을 비유해서 말하면 전자는 '약' 이고 후자는 주식인 '밥' 이라고 할 수 있다. 즉, 아픈 사람에게 약과 치료가 필요하듯이 미술치료가 필요한 아동이 있다. 그러나 장애인에 대한 미술을 치료적 관점으로만 생각하는 것은 장애인에 대한 잘못된 관점을 야기할 수 있으며 전인적 발달에 있어 보다 근본적인 미술교육이 소홀해질 수 있다.

미술교육과 미술치료의 또 다른 중요한 차이는 장애아를 바라보는 관점의 차이이다. 유명한 구족화가 앨리슨 래퍼(Alison Lapper)의 경우, 치료적 관점에서 바라본다면 그녀는 비정상이며 치료를 받아야 하는 환자라고 할 수 있다. 하지만 미술교육의 관점에서 그녀는 미적 표현을 하는 주체이자 미술을 향유하는 주체다. 즉, 그녀는 죽어있는 토루소가 아니라 살아 숨쉬며 미적 대상을 즐기며 또한 미적 표현을 하는 주체인 것이다.

이렇듯 장애아에 대한 미술치료적 접근은 장애아를 주체적 입장에서 조망하기보다는 객체적 대상으로 제한시키는 문제를 야기시킬 수 있다. 문화를 이해한다는 것은 문화적인 관습만 이해하는 것이 아니라 새로운 문화를 창조한다는 것을 의미한다. 미술교육 또한 미술에 대한 전반적인 지식을 학습하고 즐기는 것뿐만 아니라 미술작품을 창조하는 것까지를 포함하고 있다. 때문에 미술교육은 장애아들이 주체적으로 미술을 즐기고 미술작품을 자연스럽게 창조하게 한다. 즉, 장애아를 수동적인 피교육자나 타자화된 인격체에서 자연스럽게 능동적인 학습자이자 주체적인 인격체로 성장하게 도와주는 것이다. 미술교육에서 장애아는 정상으로 돌아와야 하는, 즉 결함을 가진 존재가 아니라 독특한 개성을 지닌 존재다. 그러므로 장애아를 위한 미술에 있어 미술치료에 관심이 집중되어 있는 것에서부터 미술교육 중심이라는 인식의 전환이 필요한 것이다.

셋째, 장애아 미술교육을 위한 구체적인 지침과 프로그램이 부족하다. 지적발달지체를 제외한 특수학교 미술교과과정은 일반학교 교육과정에 의하도록 되어 있으며, 지적 장애아를 위한 특수학교 미술교과 내용은 〈표 2-3〉과 같다(교육부, 1998).

표의 내용을 살펴보면 유치부 교육과정뿐 아니라 특수학교 초등부 미술교육과정에서도 미술영역들이 통합되어 제시되기보다는 각각 분리되어 제시되어 있음을 알

〈표 2-3〉 특수학교 미술교과 내용

내용		1단계	2단계	3단계
지각활동	미술적 요소 지각하기	• 사물의 모양을 보고 구별 • 사물을 관찰하고 색깔을 구별	• 사물의 특징을 살펴보고 모양과 색깔별로 분류 • 조형활동에 필요한 재료를 찾음 • 조형활동에 필요한 용구의 이름과 쓰임새를 알고 활용	• 여러 가지 미술작품을 만져 보고 느낌에 따라 분류 • 여러 가지 미술작품을 관찰하고 사용된 재료를 찾음
감상활동	주위의 사물 감상하기	• 주위의 사물을 관찰하여 좋고 싫은 것을 표현 • 사진이나 그림을 보고 아름다운 것을 선정	• 자기의 작품을 소개 • 상대방의 작품에서 좋은 점을 찾아 이야기 • 미술작품을 감상하고 느낌을 이야기	• 발표회, 음악회, 연극, 영화, 작품전시회 등을 정숙하게 끝까지 관람 • 관람하고 느낀 점을 이야기
	자연미와 조형미 비교하기			• 바른 태도로 조형작품을 감상 • 자연에서 아름다운 점을 찾아 이야기 • 조형물에서 아름다운 점을 찾아 이야기
표현활동	그리기	• 마음대로 낙서 • 주어진 밑그림에 색칠 • 상상한 것을 자유롭게 그림	• 여러 종류의 선을 이용하여 그림 • 주어진 밑그림에 색을 칠함 • 생활 주변에서 본 것을 그림	• 경험한 일을 그림 • 느낀 것, 상상한 것을 그림 • 주제의 특징을 살려 그림
	만들기와 꾸미기	• 종이, 점토 등을 이용하여 만들거나 꾸밈 • 찢기, 오리기, 붙이기, 접기 등을 이용하여 만들거나 꾸밈	• 쓸모를 생각하여 만들거나 꾸밈 • 한 가지 재료로 다양한 방법을 이용하여 만들거나 꾸밈 • 여러 가지 용구를 바르게 사용하여 만들거나 꾸밈	• 여러 가지 재료와 다양한 방법으로 쓸모와 목적에 맞게 만들거나 꾸밈 • 여러 가지 용구를 바르게 사용하여 만들거나 꾸밈
	찍기	• 여러 가지 물체를 이용하여 찍기 놀이 • 볼록 판화를 만들어 찍기 놀이	• 여러 가지 물체의 요철을 이용하여 찍기 놀이 • 볼록판화를 만들어 찍기 놀이 • 야채나 과일로 판화를 만들어 찍기 놀이	• 고무판에 그림이나 여러 가지 모양을 새겨 찍기 놀이 • 여러 가지 판화를 만들어 찍기 놀이 • 과일이나 채소로 찍기 놀이
	붓글씨 쓰기	• 붓으로 마음대로 선을 그림 • 붓을 바르게 쥐고 선을 따라 그림	• 붓을 바르게 쥐고 한글의 자모음을 씀 • 붓으로 자기 이름을 씀	• 붓으로 한글의 자모음을 바르게 씀 • 글씨의 크기에 따라 붓을 골라 사용 • 자기 이름이나 학교이름을 정자로 씀

수 있다. 표에서 제시된 내용으로는 지적 장애아의 발달특성을 고려한 통합적인 미술교육이 적용되기 어려우며 좀 더 구체적인 교수방법과 내용이 함께 제시되어야 한다.

장애아 미술교육은 기회의 균등이라는 보편성과 장애아의 특수한 상황을 고려한 특수성이 함께 이루어져야 한다. 즉, 청각장애, 시각장애, 지체장애, 정서장애, 학습장애 등 각각의 장애를 고려한 특수미술 교육내용과 교수방법이 필요한 것이다. 특히 시각장애아의 미술활동에 대하여는 보다 전문적인 교수방법이 제시되어야 함에도 불구하고 '시각장애학교의 미술과에서 약시 학생의 경우 시지각에, 전맹학생은 촉각에 바탕을 두고 미술을 이해하도록 하는 방법을 고려한다.' (교육부, 1998)는 것 외에는 별다른 지침내용이 없는 형편이다. 제시된 내용은 마치 미술이 시각을 위주로 하는 활동이며 촉각을 통한 미술교육이라는 단편적인 접근만을 생각하게 할 수 있다. 현장의 교사들은 미술교육이 장애아의 각 발달영역에 도움을 주는 중요한 활동이라고 대부분 인식하고 있으나 장애아의 특성에 맞는 미술지도가 이루어지고 있지 않다고 보고 있다. 그 원인으로 유치부는 대부분 특수교육을 전공한 교사들이 미술교육을 담당하며, 초등부 이상 특수학교에서도 특수교육과 미술교육 두 분야를 전공한 교사가 드물며, 미술교육에 대한 정보와 연수의 부족, 장애의 특성에 따라 적용할 수 있는 구체적인 지도방법과 프로그램이 없다는 점을 지적하였다. 이는 현재 장애아를 위한 미술교육이 제대로 시행되고 있지 못하다는 것을 반증하는 것이며, 장애아의 각 발달특성을 위한 구체적인 교육방법과 프로그램 등의 개발과 지원이 필요하다는 것을 보여 주는 것이다.

이상으로 살펴본 것과 같이 현재 학교현장에서는 장애아 미술교육이 원활하게 이루어지지 못하고 있다. 변화하는 새로운 조류에 장애아 미술교육을 담당한 교사들이 호응을 못하고 있는 점, 미술교육과 미술치료가 혼재해서 시행되고 있는 점, 효과적인 미술교육 프로그램 개발이 되지 못하고 있는 점에서 그 원인을 찾을 수 있다. 이러한 문제점들은 교육제도적인 측면과 사회 인식의 측면에서 해결해야 한다. 장애아 미술교과과정의 도입, 장애아 미술교육을 전담할 교사 양성과 기존 교사의 재교육, 장애아에 대한 차별적 인식 불식, 장애아 미술교육을 위한 통합적 미술교육 프로그램 개발 등이 그 구체적인 해답이 될 수 있다.

C/H/A/P/T/E/R 3

통합적 미술교육의 개요

인간에게 교육이 왜 필요한가 하는 근본적인 물음에 대한 해답은 행복한 인간을 만들기 위해서라는 가장 단순한 말로 표현할 수 있으며 인간행복의 가장 기본적인 출발점은 자유에 있다(한국교육대학교 미술교육연구회, 1984). 인간이 자유롭기 위해서는 열려 있는 마음으로 내가 아닌 타인과의 의미 있는 관계를 맺어야 한다. 타인과의 만남을 통해 타인과의 대화를 통해 비로소 내가 주체로 설 수 있고 그래야 진정 자유로워질 수 있다(한준상, 1999).

미술교육은 주지교육과는 달리 자유롭게 자신을 표현하는 활동이며 미술에 있어 좋은 표현이 되려면 '진정한 앎' 이 이루어져야 한다. 앎이란 원활한 소통과 관계 맺기를 통하여 이루어진다. 그러므로 진정한 앎이란 인간이 가지고 있는 이성과 감성을 포함한 모든 소통수단을 통해서 이루어질 수밖에 없다. 즉, 상상력과 통찰력, 느낌, 감성과 심미적 수용태도 그리고 대상이 가지고 있는 존재의 의미를 전체적으로 생각해 보는 태도가 함께 어우러져야 한다. 그러므로 미술교육은 피학습자들이 끊임없이 세계와 소통할 수 있도록 해야 한다. 특히 아동의 미술교육은 세계에 대한 소통이 중요하다. 아동들은 아직 자기 정체성과 주체적인 자각을 확립하지 못했기 때문이다.

아동은 놀이하듯 미술을 표현한다. 주변의 다양한 사물과 사람에 대응하며, 느끼고 생각하는 것들을 언어와 몸짓으로 표현하기도 한다. 손과 도구 등을 이용하여 그리고 꾸미고 조작하고 만들어 보면서 탐색 · 관찰하고 미적인 경험을 하며 지적인 성장을 해 나간다. 즉, 아동에게 있어 미술은 놀이이자 학습인 것이다. 그러므로 아동미술교육은 놀이적인 측면과 학습적인 측면 모두를 만족시켜야 하고 미적인 체험과 표현을 통하여 자아형성에 기여해야 한다.

아동미술교육의 이러한 특성은 기존의 미술교육을 통하여 원활하게 이루어질 수 없다. 여기서 아동미술교육에서 통합적인 미술교육의 필요성이 대두된다. 통합적 교육이란 주체적인 '나' 의 내부에 있는 신체와 정신과 영혼의 내적 통합과 주체적인 '나' 와 사물과 세계 전체와의 소통, 즉 외적인 통합을 위한 교육을 말한다.

지금까지 과학과 심리학은 '인간은 이런 것이 아니겠는가' 를 잘 밝혀주기는 했으나 인간 한 사람 한 사람이 어떤 것인가를 해명하지는 못하고 있다. 인간은 해부와 조작, 모의실험으로 밝혀질 수 있는 대상이 아니며 인간 각자의 핵이 되는 것, 즉 사람의 '영혼' 이라는 것은 논리적, 분석적 방법에 의해서 파악되는 것이 아닌(Beittel, 1993), 깨달아 직관으로 느껴야 하는 것이다. 인간은 신체와 정신만이 아닌, 영혼이 함께 하는 존재다. 실존주의 교육관을 대표하는 볼나우(Bollnow)는 한 인간이 다른 인간의 전인격적, 영혼 대 영혼의 만남이 진정한 교육의 기초가 된다고 하였으며(유혜경, 1998), 슈타이너 역시 교육이란 귀에서 귀로 전달되는 것이 아닌, 영혼에서 영혼으로 전달되는 것이라고 하였다. 그는 인간의 내부에 잠재되어 있는 인식능력을 깨어나도록 하는 영혼의 수련을 강조하였다. 또한 자신의 내부에서 들려오는 소리에 귀를 기울여 자신의 변화를 인식함은 곧 우주를 깨닫는 것이며 더 높은 세계로의 도달이라고 하였다(김정희, 2002). 합리적, 분석적 지(智)만으로는 존재의 전체성을 충분히 파악할 수 없다.

예술의 세계에서는 이 세상에 존재하는 모든 것에 생명과 마음, 영혼이 있다고 생각하며 불교에서 말하는 '한마음이 일면 한 우주가 일어난다.'는 말과 같이 그 모든 것이 서로 연결되어 있다고 생각한다. 이러한 마음은 다음과 같이 틱낫한의 시가 잘 나타내 주고 있다.

> 당신이 꽃과 나무에 물을 주는 것은
> 지구 전체에 물을 주는 것이다.
> 당신이 꽃과 대화할 때
> 당신은 당신 자신과 대화하는 것이다.
> 세상의 모든 것은 연결되어 있다.

풀 한 포기에서도 우주의 원리를 통찰하며 이는 이 세상을 단편적인 한 측면에서 바라보고 이해하기보다는 서로 관련지어 보완적이며 통합적으로 작용한다고 생각하는 마음이다(박영만, 송민영, 2003). 이러한 마음에는 세상 모든 것이 나와 관련되어 있으며 작은 티끌 하나에도 존재 이유가 있다는 것, 어떤 대상이든 편견 없는 마음으로 대상 그 자체를 있는 그대로 바라보고, 조화롭게 어울려 지내려는 마음인 것이다. 이는 유교, 불교, 도교사상에도 잘 나타나 있으며 우리나라를 비롯한 동양의 중심 철학이기도 하다.

이렇듯 원래 동양적 사유에서는 언어로 파악되는 세계를 진실한 세계라고 생각하지 않았다. 언어와 이성을 불신하였으며 실재의 직관을 사랑하였다. 깊은 물은 잴 수가 없듯이 현실적 · 물질적 세계, 논리적이거나 인식론적으로 모두 헤아릴 수 있는 명료하고 뚜렷한 세계는 한계를 가질 수밖에 없다(김용옥, 1999). 경험론적 방법과 논리적인 사고만을 강조한다면 정해진 길을 한발 한발 나아갈 뿐이다. 물질과 정신적 수준을 초월하여 영혼과 맞닿은 직관과 통찰을 통하여 기존의 패러다임을 뛰어넘는 새로운 세계의 질서를 발견하게 되는 것이다(Miller, 2002).

미술 또한 수학적 상황을 받아들여 평균치를 낼 수 있는 그러한 성질의 것이 아니며(Beittel, 1993) 과학적 · 합리적 이론으로 포착되지 않는 인간 삶의 다양성, 중층성,

복잡성 그리고 언어와 개념으로 표현되지 않는 세계를 표현하는 장르다. 철학가 비트겐슈타인은 "말할 수 없는 것, 그것에 대해 우리는 침묵해야 한다. 이렇게 언어가 침묵하는 곳, 그곳에서 예술은 시작된다. 언어는 세계에 대해 말을 하지만 그림은 언어가 끝나는 곳에서 세계를 보여 준다."고 하였다(진중권, 조이한, 1999).

어떤 대상을 미술로 표현할 때 지금 나의 눈에 보이는 것만을 표현한다면 그것은 현실적, 물리적인 세계만을 표현한 것이고 그 대상에 대한 한 단면만을 표현한 것이 된다. 진정한 예술표현이란 그 대상에 담겨진 모든 관계를 함께 표현하는 것이며 영혼의 세계까지 통합적으로 파악했을 때 이루어지는 것이다. '그림'의 어원을 '그리워하는 마음'이라고 한다. 인간이 미술로 무엇을 표현하는 것은 내 눈에 비춰지는 것을 손으로 옮기는 단순한 행위가 아니며 그 대상에 대해 그리워하는 마음, 즉 애정과 관심을 갖고 깊이 알고자 하는 마음이다. 그 대상에 대해 깊이 안다는 것은 다양한 감각 경로를 통해 알게 된 것과 또 그것과 존재하는 다양한 관계까지도 깊고 폭넓게 생각해 보는 것, 직관과 통찰이 함께하는 것이다. 이는 미술이 통합적인 장르이며 미술교육이 통합적인 방법을 통하여 이루어져야 한다는 것을 다시 확인할 수 있는 논의다.

이렇듯 통합적 미술교육은 미술과 인접 예술장르와의 통합, 미술과 사회 · 문화와의 통합을 통한 전체적인 미술활동을 목적으로 한다. 인간의 미적 체험과 미적 표현은 인간의 삶 전체에서 일어나고 있다. 인간의 이러한 전체적인 미적 활동에 관심을 가지고 기존의 미술과 새롭게 대두되는 미적 활동 모두를 통합하려는 입장에서 '통합적 미술교육'이 출발하는 것이다.

그리고 아동미술에서의 통합적 미술교육은 피학습자들인 아동들에게 전체적이면서 깊이 있는 생각을 심어 주며, 늘 새로운 시각으로 세계를 보는 태도(창의적 세계 인식)를 길러 주어 '진정한 앎'이 이루어지게 함으로써 좋은 미술표현을 할 수 있도록 하는 교육, 더 나아가 자유인으로서 행복한 삶을 살아갈 수 있도록 해 주는 교육이라 할 수 있다.

C/H/A/P/T/E/R 4

장애아와 통합적 미술교육

통합적 미술교육이 절실하게 필요한 분야는 장애아 미술교육 분야라고 할 수 있다. 아동들에게 있어 미술활동은 지극히 자연발생적이다(김정, 1986). 미술활동은 누구의 지시나 억압, 구속이 없이 놀이하듯 자연스럽게 본인을 표현하는 활동이다. 미술은 나의 감각으로 내가 느끼면서 내가 생각하는 것을 표현하는 활동이다. '호랑이를 그린다.' 라고 했을 때 호랑이는 이렇게 그려야 한다는 정답은 없으며 내가 느끼고 경험한 나의 호랑이를 그리면 되는 것이다. 이렇듯 미술은 그 어떤 것에도 침범되지 않는 순수한 나를 만나며 나의 존재를 느끼고 자각할 수 있는 활동이다. 그럼으로써 미술은 마음을 충족시키고 '기' 를 살려 줄 수 있는 것이다. 현장에서 장애아와 미술활동을 하다 보면 선을 하나 긋고도 교사의 얼굴을 쳐다보고 색종이를 한 번 접고도 교사의 얼굴을 쳐다본다. 그때마다 칭찬과 인정을 받고 마음을 서로 소통하는 것이 바로 미술교육 현장이라고 할 수 있다.

장애아 교육에서 중요한 것은 주체적인 의지를 길러 주는 것이다. 의지란 무엇에 대해 스스로 마음을 정하고 한마음으로 향하는 것이다. 미술은 고유한 자신의 표현이므로 의지력을 키우는 데 도움이 되며 장애아의 내적인 발전과 사회통합을 위한 중요한 예술장르다. 그러나 시각장애아는 시각의 장애 그리고 지적 장애아는 뇌의 분석기능과 감각기능의 장애로 인하여 비장애아동에 비하여 원활한 미술활동이 어려우며 그들에게 맞는 특수미술교육이 필요하다.

따라서 이 절에서는 시각장애아와 지적 장애아를 위한 효과적인 미술교육 방법으로 미술과 인접 예술활동을 통합하는 미술교육, 미술과 사회 · 문화적 환경을 통합하는 방법을 제시해 보고자 한다.

1. 미술과 인접 예술활동과의 통합

영유아기 아동들이 놀면서 무언가를 표현할 때의 모습을 보면 음악적인 요소와 율동, 극놀이, 미술 등을 함께하는 것을 종종 발견할 수 있다. 이처럼 인간은 누구나 본래부터 음악, 미술, 무용, 연극, 문학 등 예술적 표현을 하고자 하는 욕구가 있으며 인류는 그것을 음악, 미술 등 따로따로가 아닌 하나의 형태로 표현했었다. 즉, 예술은 발상적으로 종합행위(total Art)의 형태로 시작되어 미술, 문학, 음악, 연극, 무용 등이 하나의 축제의식에서 집체적으로 표현되었다. 그러므로 예술영역의 통합은 본래 인간이 갖고 있는 예술충동에 자연스럽게 응하는 것이다.

이처럼 미술과 음악, 연극, 무용, 문학 등의 장르를 분리하지 않고 표현하는 것은 현대 예술의 한 경향이기도 하다. 요즈음 퍼포먼스, 해프닝, 설치미술 등에서처럼 장르의 구분이 없이 동시적으로 표현하는 작가들이 많아졌으며 이제 예술에서 사용되는 소재는 구별 없이 다양해지고 있다. 그러므로 미술교육의 형태가 늘 미술교과만을 따로 분리하여 가르쳐야 한다는 생각은 이제 편협하고 낡은 교육관이 되었다. 미술을 진정으로 이해하려면 예술의 전체를 알아야 하며 미술과 인접 예술활동 간의 통합은 미술의 본질이 희석되는 것이 아니라 예술이 갖는 공통적인 성질을 이해하며 심미적 통찰력을 키워 주고 미술만의 독특함을 분명히 알게 해 주어 미술에 대한 폭넓은 시야를 형성해 줄 수 있을 것이다(양경희, 1997).

이렇듯 미술을 중심으로 음악, 문학, 연극, 신체표현, 무용 등 인접 예술활동을 통합하여 학습하는 것은 실제 상황 속에서 직접적이며 다양한 감각경험과 신체움직임을 경험할 수 있게 해 주어 운동경험이 제한되어 있는 시각장애아와 지적 장애아의 미술교육에 의미가 크다.

아동은 주위 세상을 극복하고 생존하기 위해 환경 속에서 끊임없이 상호작용을 하며 움직인다. 이를 통해 아동은 자신을 표현하고 동시에 주위 환경에서 인상을 수집하게 된다. 계속해서 움직이는 것은 감각과 사고과정을 자극하여 인지발달의 기초가 된다. 아동이 세상에 적응할 때, 외부 환경과 신체 내부의 요구들은 아동의 움직임과 감각을 자극한다. 이 운동과 감각들은 뇌에서 또는 뇌까지 인상을 전달하는 수단이 된다. 이 과정을 통해서 운동-감각 그리고 감각-운동 반응을 만들기 위해 운동과 감각과정의 상호작용을 충동시킨다. 즉, 운동반응은 감각자극으로 일어날 수 있고 그 반대로 감각반응은 운동자극으로 일어날 수 있는 것이다.

아동이 반복해서 다양한 인상을 받을 때, 감각정보를 골라내고 조직화하고 해석하는 법을 배워 새로운 과정인 지각이 이루어지게 된다. 지각능력은 중추신경계가 성숙되는 과정 동안 발달한다. 지각은 같은 점과 다른 점을 근거로 정보를 조직화하도록 돕고 환경을 이해하고 예측하게 해 준다. 지각과정을 완전하게 발달시키기 위해서 아동의 중추신경계를 운동과 감각인상으로 자극하는 것이 필요하다. 아동이 감각운동 정보를 자동적으로 전달하는 것이 가능할 때 뇌는 복잡한 지적 기능을 할 수 있는 여유를 가지게 되기 때문이다.

정상적인 지각능력을 가진 아동은 과거의 경험 정보를 구조화하고 예기하는 반응을 하게 된다. 이로써 아동은 환경을 이해하여 조절이 가능하고 자신감을 가지고 계획을 하고 예측하면서 적응하게 된다(오창우, 2003). 그러나 중도 지적 장애아는 뇌의 분석기능과 정보의 통합적 처리기능이 원활하지 못하여 시각, 청각, 후각, 미각, 촉각 등을 비롯한 감각기능 모두에 문제를 지닌 경우가 대부분이며, 대뇌기능의 문제와 감각·운동 기능의 문제가 악순환되어 심각한 인지장애가 초래되고, 이는 다시 학습활동을 직접적으로 방해하여 사고와 조작의 기초를 형성하지 못하며, 추상화, 일반화 등 심리적 기능 전반에 악영향을 미치게 된다(강수균 외, 1999). 또한 경도 지적 장애아의 경우도 90%가 언어장애, 지각장애, 특히 시각장애, 강박장애, 정서·행동장애가 비장애아보다 더 흔히 관찰되며 언어발달 지체, 운동기능발달 지체, 감각결함 등을 동반한다(Epstein, 1989).

시각장애아의 경우 시력을 통하여 주변을 지각하는 데 어려움을 느끼므로 일차적으로 다른 감각에 의존해야 하며 시력을 다른 감각의 보조수단으로 발달시킨다(임안수, 2000). 시지각이란 시각기관을 통하여 외부환경을 인지하는 기능으로 단순히 정확하게 눈으로 보는 능력만이 아니라 두뇌의 작용으로 이루어지는 시각자극의 해석능력까지 포함된다. 그러므로 시각장애아는 시공간지각의 장애, 시각적 도형–배경 지각의 장애를 중심으로 시지각 전체의 장애를 갖기 쉬우며(강수균 외, 1999), 몸의 자세를 유지하는 동작뿐 아니라 이동하려는 동작의 발달 등 정안아동에 비하여 운동발달상의 지체와 시각적 체험을 바탕으로 표현하는 언어의 발달에 다소의 문제를 보인다(이순형, 1990). 시각장애아는 외계의 탐색을 주로 촉각을 통하여 하기 때문에 그 환경의 장면에서 시간적·공간적인 관계를 동시에 인지하기 어려우며, 특히 자신의 손과 발이 자신의 것이라는 것을 인지하는 데 오랜 시간이 걸린다. 또한 사람과의 의사소통이나 상관관계가 음성이나 물건소리 혹은 청각을 통해서 이루어지기 때문에 실체가 없는 이해가 이루어지거나 사태와 탐색과의 사이에 시간적 차이가 생기거나 연합이 형성되기 어려운 경우도 일어난다. 시각장애아에게 있어 청각은 정안아의 눈과 비교할 수 있을 정도로 중요한 감각이며, 청각을 통하여 사물의 특성을 탐색할 뿐 아니라, 공간을 인식하고 사물을 식별하는 데 있어 음원의 방향이나 거리 등을 청각에 의하여 인지하며, 반향음을 이용하여 주어진 공간의 넓이 등의 상황을 인지할 수 있다(구희웅 외, 1998). 시각장애아에게 있어 청각과 촉각은 가장 중요한 수단이며, 이 밖에도 미각, 후각 등 다양한 감각과 몸 전체를 활용하여 학습하는 것을 알 수 있다.

이렇듯 시각장애아와 지적 장애아 모두 장애의 정도가 심하고 나이가 어릴수록 인지발달 특히 감각자극, 개념발달, 의사소통 영역에서 불리하다. 또한 모방학습이 결여되어 있으므로 추상적이고 상징성을 많이 내포하고 있는 언어를 중심으로 혹은 한두 가지 감각만을 활용한 정적인 학습보다는 다양한 감각과 신체표현 등 몸 전체를 활용한 학습을 통하여 직접적인 교육 및 잔존능력을 최대한 개발시켜 주고 전체적인 발달의 기반을 마련해 주어야 한다.

미술과 인접 예술활동을 통합한 미술교육은 다양한 신체의 움직임과 다감각적인 활동, 감각통합을 유도하며, 장애아로 하여금 놀이하듯 재미있게 능동적으로 참여하게 해 주고, 감정이 풍부하며, 구체적으로 개념을 습득하게 해 준다. 보통 미술이라면 도화지에 그림을 그리거나 작업실에 앉아서 색종이를 접고 만들고 꾸미는 정적인 활동을 떠올린다. 그러나 이러한 미술활동으로는 시각장애아과 지적 장애아의 적극적인 참여를 유도할 수 없다. 장애아를 위한 미술활동은 다양한 신체의 움직임이 함께 했을 때 효과적이다. 신체의 일부분인 팔과 다리는 본래 뛰고 걷고 차고 올라타고 매달리고 던지고 쥐고 잡는 기능 등을 가지고 있으며 이러한 활동은 마음에 즐거움과 의욕을 불어넣어 주게 된다. 특히 장애아동은 이렇게 인간 본래 가지고 있던 기본적이고 단순한 신체감각과 운동감각을 그대로 활용한 미술활동을 통하여 신체의 개념과 이미지를 형성하는 데 도움이 될 뿐만 아니라 놀이하듯 신나고 즐거운 감정으로 뭔가를 해 보고 싶다는 의욕을 불어넣어 줄 수 있다(양경희, 박원희, 2006).

드샴(Decharm, 1976)은 인간은 누구나 자신을 에워싼 환경에 자신이 의도하는 변화를 일으키고 싶은 욕구를 가지고 있다고 하였으며(김근영, 1992), 몬테소리는 지적 장애아에게도 그들의 능력을 향상시키고 배우고자 하는 자연적인 욕구가 있다고 하였다. 특히 전신을 움직이는 활동은 모든 감각들과 근육 및 근육연결 부위가 뇌에 적절한 자극을 보내고 다른 감각조직을 통합하는 데 도움을 주는 전정감각을 자극함으로써 감각통합을 도와줄 수 있다(Ayres, 1979).

감각통합이란 신체적, 정신적 활동을 위하여 감각을 조직화하는 것을 말하며, 다감각적이고 다양한 신체활동은 몸 전체를 활발하게 활용함으로써 두뇌가 신체로부터 오는 감각들을 조직화할 수 있는 능력과 그들에 대한 적절한 반응을 하도록 도와주는 것이다(박경숙, 1991). 미술과 인접 예술활동을 통합한 미술활동은 보고 듣는 것과 함께 신체와 중력에 대한 감각을 조직화하여 많은 감각통합이 일어나게 해 주며, 신체의 모든 부분을 활용함으로써 신체가 사물과 공간 등과 관계되는 방법과 환경에 대한 개념을 발달시킬 수 있다.

또한 미술과 인접 예술장르를 통합한 미술활동은 자기 주변의 다양한 사물과 사람을 대응하면서 느끼고 생각하는 것 등을 언어로 표현하기도 하고 몸짓으로 나타내기도 하며, 손과 도구 등을 이용하여 그리고 꾸미고 조작하고 만들어 보면서 탐색 · 관찰하여 미적인 경험을 하면서 지적인 성장을 해 나가도록 도와줄 수 있다(양경희, 1997).

예를 들어, 찰흙을 이용한 미술활동이 이루어질 때 교사 주도하에 일방적으로 주제와 만드는 방법, 활동의 순서를 정하는 것이 아닌, 통합적 접근을 통하여 다양한 감각을 활용하고 신체를 표현할 기회를 주는 것이다. 그래서 아동은 손으로 만져 보고, 떼어 보고, 던져 보고, 나뭇가지나 장난감 등을 꽂아 보고, 긁어 보고, 굴려 보고, 밟아 보고, 문질러 보고, 두드려 보고, 소리도 들어 보고, 냄새도 맡아 보고, 살짝 맛도 본다. 또 찰흙 위에서 발로 밟고, 뛰어 보고, 온몸을 부딪쳐 보면서 찰흙을 탐색하여 성질을 이해하고 자연스러운 표현을 할 수 있게 된다. 또한 미술을 중심으로 음악, 문학, 연극, 신체표현 등을 통합하여 표현하게 됨으로써 주제를 쉽고 구체적으로 이해할 수 있으며 풍부한 미적 표현을 할 수 있다. 즉, 장애아가 호랑이를 표현하고자 할 때 호랑이에 대한 옛날 이야기나 동시 등을 들려주고 연극적 상황을 설정하여 배경음악과 함께 토끼를 잡아먹으러 가는 호랑이, 낮잠 자는 호랑이 등 본인이 직접 호랑이가 되어 보게 한 후 그리게 함으로써 추상적인 언어와 개념의 한계를 넘어서 다각적인 경험을 통하여 대상에 대한 '진정한 앎'과 감정이 풍부하고 살아 있는 미술 표현이 이루어질 수 있는 것이다.

2. 미술과 사회 · 문화적 환경과의 통합

사회와 문화라는 용어에는 이미 '관계와 소통'의 의미가 내포되어 있다. 인간은 본래 관계와 소통을 통한 사회적 · 문화적 존재다.

미술에는 작가의 정신과 영혼 그리고 그 작가와 관계를 맺은 사물과 우주 전체가 담겨 있으며, 그러한 것들은 그 시대의 사회와 문화적 환경에 영향을 받기도 하고, 또 새로운 사회와 문화를 창조해 나가기도 한다. 그러므로 미술을 잘 이해하는 것은 인간과 인간이 만들어 낸 삶인 문화와 사회에 대해 전체적이고 깊이 있는 생각을 심어 주고, 원활한 관계와 소통이 이루어지게 하며, 늘 새로운 시각으로 세계를 바라보는 태도를 형성하게 한다.

오늘날 우리 사회는 IT 혁명과 멀티미디어 등 첨단 과학기술의 발달로 인하여 문화의 상호교류와 전달이 매우 빠른 속도로 이루어지고 있으며 각종 미디어를 통해 수많은 문화적 현상들이 동시에 이루어지고 있다. 이렇듯 21세기 정보화 시대에 엄청난 속도로 증가하는 지식과 정보에 보조를 맞추어 변화하는 환경에 적응하기 위해서는 그러한 사회, 문화와의 원활한 소통능력이 이루어져야 하며 문화적 이해능력이 삶의 질을 결정하는 핵심적인 요소가 되고 있다. 앞에서 살펴본 것과 같이 후기산업사회의 미술교육과정의 경향은 통합적 교육과정을 통하여 비평적 사고능력을 높이고 자신이 살고 있는 시대와 문화에 대한 이해를 높이고자 하는 것이다.

특히 장애아는 비장애아에 비해 사회화하는 데 불리한 조건 속에서 생활한다. 때문에 장애아 미술교육이 원활하게 이루어지려면 교실과 교과서를 포함하여 보다 다양한 학습공간과 표현방법을 활용하여야 한다. 즉, 현실과 분리된 '정형화되어 있는 미술교육' 또는 '표피적인 미술교육'이 아닌, 미술을 이해하고 즐기면서 사회적인 상호작용을 촉진시키고 자신이 살고 있는 시대와 문화의 흐름과 특징을 통찰하는 안목을 길러 주는 교육이 되어야 한다. 다시 말하면 우리 주변의 일상적인 삶과 관련된 여러 가지 시각문화 환경 또 미술관, 박물관, 공연장, 전시장 등과 협력하여 현실의 삶과 연계되어 있는 보다 의미 있고 살아 있는 교육이 되어야 하는 것이다(양경희, 박원희, 2006).

장애아 교육의 궁극적인 목표는 사회적 통합이다. 사회적 통합이란 그들이 속한 사회의 문화적 활동에 참여하고 완전한 사회인으로서의 회복을 의미하며 이는 사회 소통능력과 관련이 깊다. 이와 마찬가지로 장애아 미술교육의 궁극적인 목표는 장애아들이 잘 만들고 잘 그리게 하는 기능과 형식적 측면에 중심을 두는 것이 아니라 미술을 통하여 의사소통, 정체성, 가치와 성찰 등과 같은 주제들이 유기적으로 잘 결합된 교육을 하는 것이다.

그러므로 미술과 사회·문화적 환경과의 통합은 장애아가 삶을 보다 전체적으로 바라보고 사회와 문화를 바르게 인식함으로써 주체적인 자각을 이루게 하여 원활한 사회화를 이루게 하는 것이라 할 수 있다.

C/H/A/P/T/E/R 5

통합적 미술교육의 실제

1. 미술과 인접 예술활동과의 통합

미술과 인접 예술활동과의 통합은 1~3단계로 나누어 활동하는 것이 바람직하며 각 단계별 지도내용을 다음과 같다.

1. 1단계

1단계에서는 소재로 선택한 사물을 다감각적이며 신체의 기능을 최대한 활용하여 탐색하고 표현할 수 있도록 한다.

미술표현에 있어 첫 단계는 표현하고자 하는 대상에 대하여 관심을 갖는 것이다. 아동이 이 세상 모든 것들에 나와 같은 마음과 영혼이 있다고 생각하게 되면 그 대상에 대하여 교감을 나누며 사랑하게 된다. 그러므로 교사는 생동감 있고 감정이 풍부한 언어로 호기심이 생길 수 있도록 유도해 준다. 교사와 아동 간의 상호작용 시 교사가 표현하는 언어는 구체적이며 문학성이 풍부한 표현을 하는 것이 바람직하다. 인접 예술활동과 통합한 미술활동에서 미술활동 주제에 관련된 동화책을 읽고 동시와 이야기를 꾸미게 하는 것으로 문학 장르를 통합하였다고 생각하기 쉬우나 이뿐만 아니라 교사가 아동과 함께하는 미술활동 시간에 표현하는 언어 자체가 문학적일 수 있도록 노력하는 것이 더욱 중요하다.

또한 다양한 감각과 온몸을 이용한 신체표현을 통하여 마치 사물이 살아 있는 듯이 느낄 수 있도록 한다. 나의 몸이 움직이는 대로 함께 움직이는 사물을 접하면서 아동은 더욱 재미있는 생각을 하며 적극적으로 대응하게 된다. 이러한 활동을 통하여 감각기능과 운동발달, 근육의 발달과 함께 공간 속에서의 나의 위치, 내 몸의 활동범위, 몸의 구조와 기능 등 신체개념을 이해하도록 도울 수 있다.

미술을 신체로 표현할 때 연극적인 요소를 도입하고 음악을 들려주면 표현하고자 하는 주제를 쉽게 이해할 수 있으며 감정을 더욱 풍부하게 표현할 수 있다. 그러나 1급 지적장애아의 경우 음악소리에 대하여 적극적으로 반응하지 않으므로 이때는 교사가 직접 노래를 불러 주거나 음악소리에 관심을 갖도록 이끌어 준다. 음악소리를 들려줄 때 처음부터 끝까지 모두 듣게 하기보다는 부분으로 나누어 짧게라도 주의를 기울여 관심을 갖도록 하며, 교사가 아동의 몸을 뒤에서 포근히 감싸고 음악에 맞추어 몸을 함께 움직이게 한다. 이와 같은 활동을 여러 번 반복하면 차츰 음악 소리에 관심을 기울이게 된다.

시각장애아의 경우는 음악과 소리에 매우 민감하다. 주제에 적합한 음악을 들려주면 매우 즐거워하며 보다 다양한 표현을 이끌어 낼 수 있다. 음악소리 외에도 사물과 환경이 가지고 있는 고유한 소리를 탐색하게 하고 소리들을 함께 표현하게도 한다. 예를 들어, 크고 강한 느낌의 점을 표현하고자 할 때는 '아빠 곰이 쿵! 쿵! 쿵!' 하며 큰 점에는 큰 소리, 작은 점에는 '엄마 곰이 콩, 콩, 콩.' 하며 작은 소리를 들려준다든지, 콩의 양과 높이를 달리하여 다양한 신체표현과 함께 떨어뜨리며 소낙비 소리, 가랑비 소리 등을 표현하게 할 수 있다.

또한 콩과 공 등 사물을 벽과 바닥, 천정 등을 향하여 세게 던졌을 때, 살살 던졌을 때 등 각각 소리가 다르다는 것을 알게 할 수 있다. 이때에도 놀이하듯 천장을 향하여 힘껏 던지며 내 몸이 얼마나 높이 뛸 수 있나, 내 손이 얼마나 높이 닿을 수 있나, 팔과 다리를 얼마나 길게 쭉 뻗을 수 있나, 엉덩이를 얼마나 실룩실룩 움직일 수 있나 등을 경험하게 한다.

이러한 활동을 통하여 장애아들은 사물에 대한 실존감과 주체적인 '나'를 깊이 깨닫게 되며, 이렇게 '나'에 대한 정체성이 형성되었을 때 다른 사람과 환경에 대해서도 관심을 보이게 된다. 즉, 세계와의 원활한 소통이 이루어지게 되는 것이다.

2. 2단계

1단계가 주로 대근육을 활용하며 동적인 활동 위주로 탐색하고 표현이 이루어지는 단계였다면, 2단계는 소재가 되는 사물과 작업실의 벽과 바닥, 천장 등과 같이 작업실 자체의 환경 또는 주변의 다양한 사물들, 예를 들어 작업실 내의 작업대와 의자, 장난감, 그릇과 냄비, 컵, 숟가락, 빗자루, 헌 책, 바구니 등을 함께 활용하고 표현하는 활동이다.

시각장애아의 경우 콩을 빙수그릇, 주전자, 장난감 총, 그릇과 컵 등에 담아 보고 쏟아 보면서 무엇이 어떻게 들어가는지 알게 되고 구조를 이해하게 되며, 손과 손가락을 다양하게 활용하여 만져 보고 쥐어 보고 흔들어 보는 등의 여러 활동을 통하여 콩과 공의 특징(모양, 크기, 질감, 온도, 무게 등)과 함께 주전자, 장난감, 바구니 등 사물의 모양과 구조, 기능 등에 대해 주목하게 된다. 이러한 과정을 충분히 거친 아동은 3단계에서 본인이 표현하고자 하는 대상과 주제를 보다 자유롭게 선택하며 더욱 많은 상상을 할 수 있게 되어 풍부한 미술표현을 이끌어 낼 수 있다.

지적 장애아의 경우는 주변의 다양한 사물에 골고루 관심을 적극적으로 보이지 않으며 한 가지 사물에 대해서도 집중하여 주의를 기울이는 시간이 짧다. 그러므로 여러 가지 개념과 사물을 동시에 학습하게 하기보다는 점의 개념을 중점으로 15~16주 정도 반복하여 경험하게 하면서 소재를 바꾸어 주어 그 소재 자체의 특성에 대해 즐기고 관심을 보이도록 한다. 예를 들어, 시각장애아는 콩을 가지고 집중적으로 점의 개념을 학습하게 하였으나 지적 장애아는 점의 느낌이 나는 소재를 한 가지가 아닌 볼풀 공, 풍선, 테니스 공, 구슬, 붓, 물 등 다양하게 바꾸어 가며 그 소재가 가지고 있는 물질적 속성(가볍고 잘 구르는 볼풀 공, 커졌다가 갑자기 작아지기도 하고 나타났다가 갑자기 사라지기도 하며, 공중에 둥둥 떠다니기도 하는 풍선, 까칠까칠하면서 통통 잘 튕겨지는 테니스 공, 떼굴떼굴 잘 굴러가는 구슬 등)을 그대로 이용하여 놀이하듯 점의 개념을 집중적으로 경험하고 표현하게 한다.

그러면서 1단계와는 달리 2단계에서는 빗자루, 헌책, 바구니 등을 하나씩 제시해 주고 그것들을 함께 표현하며 1단계에서보다 폭넓은 활동을 하게 한다.

모더니즘 시각에서 본다면 1, 2단계의 활동은 미술이 아니라고 생각할 수 있다. 하지만 이는 현대 미술에 대하여 폭넓은 이해가 없기 때문에 생기는 오해다. 콩과 함께하는 미술활동에서 다양한 동작으로 신체를 움직이며, 콩이 바닥과 벽, 천장 등에 던져지면서 나타나는 모양들 자체가 3차원적인 공간에서 순간순간 생동감 있게 움직이는 작품이다. 또한 다양한 동작으로 움직이는 아동의 몸 자체가 살아 있는 조각작품일 수 있고 행위미술이다. 벽과 바닥, 천장 등 3차원적이고 실내외 공간을 모두 활용하여 표현하는 것도 현대 미술 장르 중 하나인 설치미술이다. 그러므로 1, 2단계의 모든 활동 자체가 행위미술이자 설치미술인 것이다.

3. 3단계

1, 2단계가 동적이며 3차원적인 미술활동 위주였다면 3단계에서는 찢기, 오리기, 뭉치기, 접기, 붙이기, 말아 보기, 꼬아 보기, 콩 등 작은 사물들을 점토 등에 박아 보기, 꽂아 보기, 칠하기, 그리기 등 정적이며 2차원의 활동(평면적 표현)이 점차 이루어지게 한다. 지금까지 사물들과의 다각적인 경험을 기억하면서 본인만의 창작품을 표현하도록 한다.

그러나 지적 장애아의 경우는 인지작용이 느리게 작용하므로 수준 3 정도까지 2차원적이고 정적인 미술활동만을 경험하게 하면 적응하기 어려워할 수 있으므로, 시각장애아보다는 동적이며 3차원적인 활동을 추가시켜야 한다.

시각장애아는 일상에서 만나는 3차원의 사물을 2차원(평면)의 화지에 표현하는 것에 대하여 매우 어려움을 느낀다. 그러므로 3단계의 초기부터 갑자기 2차원적인 표현을 하도록 하기보다는 콩과 점토를 함께 이용하여 표현하게 한다거나, 사물의 한 면을 손바닥으로 만져 보게 하여 그 모양의 특징을 언어로 표현하고 난 후 미술로 작업하게 한다.

예를 들어, 자동차를 표현할 경우 자동차를 작업대 위에 올려 놓은 후 장난감 자동차의 한 면을 손바닥으로 만지며 "자동차는 이렇게 옆으로 쭉 길게 생겼구나. 그리고 가운데가 쑥 올라왔어요. 우리가 차를 탔을 때 머리와 몸을 자유롭게 움직일 수 있도록 하기 위해서…." 등의 내용의 대화를 나누며 자동차의 모양을 단순하게 구조화시킬 수 있도록 한다. 그러나 사실적인 표현을 강조하기보다는 아동의 경험과 감정에 중점을 두도록 한다.

이와 같이 1단계에서 3단계까지의 활동을 거치면서 형을 이루는 가장 기본 요소인 점, 선, 면의 개념을 이해시키며 그 외에도 빛깔, 질감, 공간의 이미지를 충분히 경험하고 표현할 수 있도록 한다.

1) 지적 장애아의 미술활동 실제

활동은 ① 볼풀 공을 이용한 미술활동 ② 풍선을 이용한 미술활동 ③ 테니스공을 이용한 미술활동 ④ 구슬을 이용한 미술활동 ⑤ 물을 이용한 미술활동 ⑥ 두루마리 휴지를 이용한 미술활동 ⑦ 붓을 이용한 미술활동 ⑧ 크레파스를 이용한 미술활동의 순서로 진행하며 그 이유는 다음과 같다.

지적 장애아는 주의 지속력이 짧고, 집중력과 호기심이 낮을 뿐만 아니라 한 가지 개념을 이해하는 속도가 느리기 때문에 다양한 매체를 통한 반복학습이 효과적이다. 그러므로 점과 선, 면의 개념을 이해하고 표현하는 데 있어 시각장애아보다 5가지 소재를 더 추가하여 8가지의 소재로 3주 연속하여 활동하도록 한다.

활동의 순서는 형의 최소단위인 점의 느낌을 전달할 수 있으면서 평소 지적 장애아에게 친숙하며 저항감을 최소화할 수 있는 볼풀 공부터 시작한다. 또한 다루기 쉬운 것부터 시작하여 순차적으로 섬세하고 다양한 동작과 표현을 요구하는 소재를 적용하도록 한다.

특히 볼풀 공, 풍선, 테니스 공 등은 미술활동 시간뿐 아니라 자유선택활동 시간이나 담임교사의 재량으로 수시로 아동이 접하게 하여 보다 친숙하고 능숙하게 다룰 수 있도록 한다.

(1) 볼풀 공을 이용한 미술활동

① 소재 선정 이유

- 볼풀 공은 평소 지적 장애아에게 익숙한 소재이면서 점과 선, 면의 느낌을 경험할 수 있고, 굴러가는 특성 때문에 운동능력과 대 · 소근육 조절이 원활하지 않은 지적 장애아들도 쉽게 움직이게 할 수 있다.
- 가벼워서 손에 쥐고 던질 수 있으며 콩과 같이 작아서 그냥 삼켜 버린다든지 코나 귀 안에 넣는 등 위험하거나 다치게 할 요소가 없다.
- 전신의 활동을 유도할 수 있고 단순한 구조이므로 상황에 따라 여러 가지 변화가 가능하고, 굴리고 던져 보면서 교실 공간을 좀 더 다양하고 원거리에서 바라볼 수 있는 기회를 제공해 줄 수 있다.

② 활동방법

- 1단계: 음악을 들으며 볼풀 공을 굴리고 던지면서 전신을 활발하게 움직이고 움직이는 점의 이미지를 경험한다.
- 2단계: 1단계의 활동을 다시 한 번 반복하고 빗자루, 헌 책, 쓰레받기, 보자기, 기다란 천 등을 가지고 활동하면서 흥미와 호기심을 유도할 수 있는 요소를 추가시키고, 공간을 1단계보다 세분화하여 보는 경험을 한다.
- 3단계: 1단계의 활동을 반복한 후 볼풀 공과 비슷한 크기의 동그란 색종이를 전지에 붙이면서 활동하며 가지고 놀았던 점의 이미지를 다시 한 번 반복하여 화지에 구성하는 경험을 한다.

③ 활동내용

- 활동시간: 20～30분
- 활동자료: 1단계－볼풀 공, CD 플레이어
  2단계－볼풀 공, 빗자루, 헌 책, 쓰레받기, 보자기, 천 등
  3단계－볼풀 공, 전지, 동그란 모양의 색종이, 풀

◈ 1단계(1주)

관련 예술활동	활동내용	활동목표
• 미술 • 음악 • 신체표현 • 문학	• 볼풀 공을 교실바닥에 가득 풀어 놓는다. **"떼굴떼굴 … 이게 될까요? 툭! 톡! 야! 잘 굴러가네."** **"손을 이렇게 쭉 뻗고 손가락으로 탁-! 쳐 보는 거예요. 여기서 저-기 선생님 계신 곳 보고 …."** • 이쪽저쪽 다양한 방향에서 던져 보고 굴려 본다. • 힘껏, 세게, 살살 등 힘을 조절하며 던진다. • 양손을 잡고 한꺼번에 던진다. • 위, 아래, 앞, 뒤 등 지시한 방향을 던진다. • 음악에 맞추어 볼풀 공을 던지고 가지고 놀아 본다.	• 점의 느낌을 경험하고 공간 지각력을 길러 줄 수 있다. • 다양한 신체 움직임을 통하여 놀이하듯 활동하여 긴장을 해소하고 호기심을 유발하며 주의집중 시간이 길어질 수 있다. • 다양한 감각과 전신을 이용한 신체표현을 통하여 감각통합을 도울 수 있다.

◈ 2단계(2주)

관련 예술활동	활동내용	활동목표
• 미술 • 음악 • 신체표현 • 문학	**"여기 있는 볼풀 공을 툭 치면 저쪽으로 놀러가네. 선생님같이 책으로 쳐 볼까요? 야! 빗자루를 이렇게 두 손으로 잡고 이리 – 저리 – 움직이니까 공들도 뛰어다니는구나. 발로도 차 보고."** • 바닥에 깔려 있는 볼풀 공을 두 손과 책, 빗자루 등으로 밀어 보고 바구니 등에 던져 본다. • 보자기에 볼풀 공을 담아 본다. 담겨진 공들을 여럿이 힘을 합하여 한꺼번에 튕겨 본다. • 반투명의 긴 천을 벽과 벽 사이에 연결하여 그 천위에 볼풀 공을 던져 보고, 천 아래에 누워 보게도 하고, 손으로 툭툭 쳐서 공이 움직이는 것을 보게 한다.	• 지적 장애아는 단기기억능력이 떨어지므로 미술을 활용하여 단순반복이 아닌 매체를 바꾸어 가며 점의 개념을 반복하여 경험하게 할 수 있다. • 천을 이용하여 늘 대하던 공간에 대해 새롭게 느끼게 해 주고 호기심을 유발할 수 있다. • 공을 멀리 굴리고 위를 향해 던지면서 작업실 공간을 좀 더 다양한 시선에서 바라보는 경험을 할 수 있다.

◈ 3단계(3주)

관련 예술활동	활동내용	활동목표
• 미술 • 음악 • 신체표현 • 문학	• 1단계의 활동을 반복한다. • 여러 빛깔의 색종이를 볼풀 공 정도 크기와 모양으로 오려 바구니에 담아 놓는다. • 한 명씩 벽에 붙여 놓은 전지에 동그란 모양의 색종이를 붙이게 한다. • 하나 붙이고 올 때마다 칭찬해 준다.	• 동그란 점의 모양을 경험할 수 있다. • 동그란 점의 모양을 2차원적인 화지에 표현하는 경험을 할 수 있다. • 자신의 작품으로 주변 환경을 꾸며 볼 수 있다.

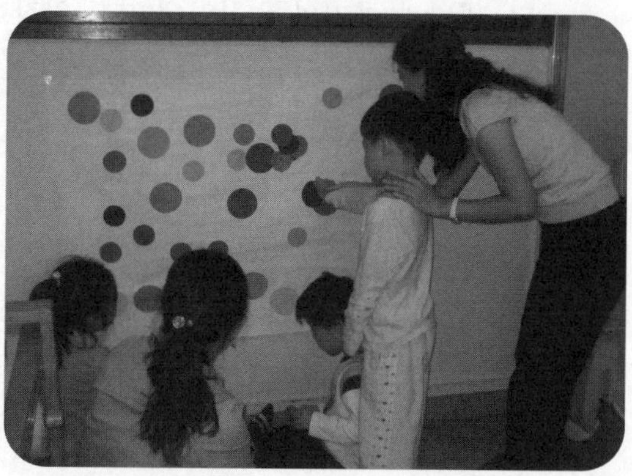

(ㄹ) 풍선을 이용한 미술활동

① 소재 선정 이유

- 볼풀 공과 같이 점의 느낌을 가지고 있으면서도 훨씬 가벼워서 3차원의 공간에 떠 있을 수 있으므로 볼풀 공과는 또 다른 공간감을 경험하게 해 주며, 지적 장애 아동이 매우 좋아하는 소재다.
- 커졌다가 갑자기 작아지는 등 크기의 다양한 변화와 율동감, 눈에 보이지 않는 공기와 바람의 존재를 느낄 수 있게 한다. 공중에 떠 있는 풍선을 두 손으로 치고 놀면서 양손의 협응능력을 기를 수 있다. 주로 바닥의 공간을 바라보았던 볼풀 공과 다르게 3차원의 주변공간을 넓은 시야로 전체를 볼 수 있도록 유도할 수 있다.

② 활동방법

- 1단계: 풍선을 크게 불었다가 잡았던 손을 놓아 갑자기 공기가 빠지며 도망가 버리는 것을 보게 하여 흥미를 유발시킨다. 음악에 맞추어 몸 전체를 골고루 움직이면서 풍선을 쳐 본다. 아동의 몸에 풍선을 붙여서 꾸며 줄 수도 있다.
- 2단계: 1단계와 같은 내용을 반복한다. 피아노, 책장, 창문, 문 등 교실 안 환경 중에서 하나를 정하여 풍선을 붙여서 꾸며 준다.
- 3단계: 풍선 끝에 투명 접착테이프를 붙여서 천장에 여러 길이로 모빌처럼 붙여 준다. 바람과 공기의 움직임에 따라 천장에 매달려 움직이는 풍선을 보게 한다. 유성마커로 풍선에 그림을 그려 보게도 한다.

③ 사례의 활동내용

- 활동시간: 20~30분
- 활동자료: 1단계–다양한 빛깔의 풍선, CD 플레이어
  2단계–풍선, 투명 접착테이프
  3단계–풍선, 투명 접착테이프, 유성마커

◈ 1단계(1주)

관련 예술활동	활동내용	활동목표
• 미술 • 음악 • 신체표현 • 문학	**"여기 보세요. 슈웅- 슈-웅! 점점 커지고 있어요. 자! 선생님이 풍선의 입을 꽉 잡고 있는데 잘 보세요… 샥! 어? 풍선이 도망가 버렸어요."** • 풍선을 크게 불었다가 잡았던 손을 놓아 갑자기 공기가 빠지며 도망가 버리는 것을 보게 하여 주의를 끌고 흥미를 유발시킨다. • 불어 놓은 풍선을 날려 보고 던져 본다. • 부드럽게 천천히 또는 경쾌하고 빠른 동작으로 음악에 맞추어 풍선과 함께 움직여 본다. • 풍선을 아동의 몸에 붙여서 몸을 움직일 때마다 함께 움직이는 풍선을 느껴 보게 한다.	• 풍선은 가볍고 하늘에 떠다니며 여러 가지 아름다운 빛깔로 시각적인 즐거움을 준다. • 볼풀 공에서 경험할 수 없는 재질의 특성과 다양한 점의 이미지를 경험한다. • 감정이 풍부하며 다양한 신체의 움직임을 유도할 수 있다. • 3차원의 공간을 떠다니는 풍선을 몸 전체를 움직이며 쳐보면서 시야를 넓힐 수 있다.

◈ 2단계(2주)

활동내용	활동목표
• 지난주(1단계 활동)에 했던 활동을 반복한다. • 풍선을 교실 문이나 피아노, 책장 등 아동들이 붙이고 싶은 곳에 붙여서 교실 안을 풍선으로 꾸며 보게 한다.	• 피아노, 책상 등 주변 사물에 대하여 관심을 가질 수 있다. • 주변 사물을 직접 꾸밀 수 있다.

◈ 3단계(3주)

활동내용	활동목표
• 지난주(2단계 활동)에 했던 활동을 반복한다. • 풍선을 투명 접착테이프를 이용하여 길이와 간격의 변화를 주어 천장에 붙인다. • 천장에 붙인 풍선을 손으로 쳐 보게 하고 바람에 의해 움직이는 풍선을 보게 한다. • 벽과 가구 사이를 접착테이프로 빨랫줄같이 연결하여 연결된 테이프에 풍선을 붙이게 한다. • 풍선에 유성마커를 이용하여 그림을 그린다.	• 눈에 보이지 않는 바람과 공기의 존재에 대해 느낄 수 있다. • 위, 아래, 멀리, 가까이 등의 공간 지각력을 길러 줄 수 있다.

(3) 테니스 공을 이용한 미술활동

① 소재 선정 이유

- 볼풀 공이나 풍선과는 다르게 통통 튕겨 나가는 재미를 느낄 수 있다. 구르고 튕겨지면서 절로 그림이 그려지기 때문에 성취감, 자신감을 길러 줄 수 있다.
- 유아가 본인이 하는 활동이 즉각 표현되면서 눈으로 확인할 수 있으며, 결과물이 남겨질 수 있다.

② 활동방법

- 1단계: 테니스 공을 맘껏 가지고 놀면서 속성을 파악한다. 테니스 공의 독특한 촉감, 소리 등을 경험한다. 통통 튕겨 나가는 모습을 살펴본다.
- 2단계: 1단계 반복. 테니스 공을 1단계보다 더 멀리 던져 보게 하고 작업실 벽 가까이게 서서 벽에 부딪쳐 소리가 나게 던져 본다. 작업실 내부의 여러 가구 등을 이용하여 그곳을 향해 굴려 보거나 던져 보게 한다.
- 3단계: 1단계 반복. 물감을 묻혀 굴리고 튕기면서 점과 선 그림을 완성한다. 동요를 부르며 리듬과 박자 또 가사의 내용에 맞추어 물감 묻힌 테니스 공을 전지와 스케치북에 콕콕 찍어 표현한다. 테니스 공을 잡고 콕콕 찍는 동작을 익힌다. 찍는 힘의 정도에 따라 모양이 달라지므로 힘 조절을 하는 데 도움이 된다.

③ 사례의 활동내용

- 활동시간: 20~30분
- 활동자료: 1단계-헌 테니스 공, CD 플레이어
  2단계-헌 테니스 공, CD 플레이어
  3단계-헌 테니스 공, CD 플레이어, 물감, 테니스 공 담을 그릇, 스케치북, 전지

◈ 1단계(1주)

활동내용	활동목표
"이게 뭘까요? 까칠까칠··· 어! 통! 통! 이렇게 힘껏 던지면 콩콩 팡팡 ··· 우리 친구들도 해 봐요." • 한 명씩 테니스 공을 잡고 던져 보게 한다. • 손으로 꽉 잡지 못하면 같이 잡고 던지게 한다. • 우선 테니스 공을 만져 보고 굴려 보고 던져 보고 튕겨 본다. • 까칠까칠한 촉감과 소리를 탐색한다. • 다양한 음성의 변화와 언어자극으로 홍미를 더해 준다.	• 볼풀 공이나 풍선과는 다른 속성을 가진 테니스 공은 또 다른 홍미를 유발시킬 수가 있다. • 테니스 공의 독특한 촉감, 튕기며 나는 소리 등을 경험할 수 있다.

◈ 2단계(2주)

활동내용	활동목표
• 1단계의 활동을 반복한다. • 테니스 공을 1단계보다 더 멀리 던져 보게 하고 작업실 벽 가까이에 서서 벽에 부딪쳐 소리가 나게 던져 본다. • 작업실 내부의 여러 가구 등을 이용하여 그곳을 향해 굴려 보거나 던져 보게 한다.	• 테니스 공을 굴려 보면서 생동감 있는 점의 이미지를 경험할 수 있다. • 대 · 소근육의 발달과 조절능력을 길러 줄 수 있다.

◈ 3단계(3주)

활동내용	활동목표
• 바닥에 전지를 넓게 펼쳐서 깐다. • 테니스 공에 물감을 듬뿍 묻혀 전지 위에 굴려 보고 튕겨본다. • 스케치북에도 물감 묻힌 테니스 공을 찍어 본다. 살살 또는 세게. • 곰 세 마리 등 동요를 부르며 리듬과 강약에 맞추어 찍어 본다(아빠곰은 쿵쿵쿵–세게, 아기곰은 콩콩콩–약하게).	• 물감 묻힌 테니스공이 굴러가고 튕겨질 때마다 즉각적으로 다양한 점과 선의 이미지가 표현되면서 재미있는 미술표현이 이루어지므로 장애아의 적극적인 참여를 유도할 수 있다. • 세게, 약하게 대 · 소근육을 조절해 보고 거기에 따라 점과 선의 이미지가 달리진다는 것을 알 수 있다.

(4) 구슬을 이용한 미술활동

① 소재 선정 이유

• 볼풀 공과 풍선, 테니스 공보다 작고 섬세한 점의 이미지를 경험할 수 있으며, 지금까지의 탁 트인 공간이 아닌 페트병 안의 물감 묻은 구슬이 굴러가는 모습을 보며 색다른 공간을 경험할 수 있고, 투명한 페트병의 특성상 입체적으로 겹쳐진 선의 이미지를 발견할 수 있다.

• 페트병을 두 손으로 잡고 다양한 동작으로 움직이며 구슬이 부딪치며 내는 재미있는 소리를 탐색하고, 크기가 작으므로 팔과 손, 어깨근육의 작은 동작에도 섬세하게 움직이는 모습과 그려지는 그림들을 감상할 수 있다.

② 활동방법

• 1단계: 구슬을 페트병 안에 넣고 흔들고 다양한 동작으로 움직이며 소리와 촉감, 구슬이 움직이는 모양을 본다. 구슬을 삼킬 수 있으므로 페트병 안의 구슬이 나오지 않게 한다.

• 2단계: 1단계를 반복하면서 1단계보다 더 많은 것을 발견하도록 한다. 페트병의 크기를 바꾸거나 또는 투명한 생수병 아주 큰 것을 구하여 북을 치듯이 손과 팔 전체로 잡고 움직이면서 구슬이 움직이는 것을 보게 한다. 그 외 상자와 다른 페트재질의 용기 안에도 넣고 다양한 동작으로 흔들어 본다.

• 3단계: 물감 묻힌 구슬을 페트병 안에 넣고 흔들고 다양한 동작으로 움직이며 소리와 촉감, 구슬이 움직이며 그려지는 다양한 선의 모양을 본다. 완성된 작품을 아동이 원하는 곳에 설치하거나 꽃병 또는 연필꽂이 등으로 사용한다. 물감 묻힌 구슬을 상자 안에 넣고 흔들었다가 구슬을 빼고 상자 안을 살펴보게 한다.

③ 사례의 활동내용

• 활동시간: 20~30분

• 활동자료: 1단계–유리구슬, 500ml 크기의 투명한 페트병, CD 플레이어
2단계–유리구슬, 500ml 크기의 투명한 페트병, CD 플레이어 상자, 생수병, 그 외 다양한 크기의 투명한 페트 재질의 용기들
3단계–유리구슬, 500ml 크기의 투명한 페트병, CD 플레이어, 물감, 물감 담을 그릇

◈ 1단계(1주)

활동내용	활동목표
"이것 보세요. 팔을 이렇게 움직이면 구슬이 - 콩! 하고 부딪히고, 또 이쪽으로 콩! 부딪치네요." **"이번에는 빨리 빨리 움직여볼까? 구슬도 빙글빙글 빨리빨리 춤을 추고 있어요."** **"우리 친구들도 해 봐요."** • 구슬을 페트병 안에 넣고 다양한 동작으로 움직이며 구슬이 병 안에서 굴러가는 모습을 관찰하게 한다. • 구슬이 병 안에서 부딪치며 내는 소리를 들어 보게 한다. • 구슬을 상자 안에 넣고 굴려 보게 한다. • 음악을 들으며 페트병으로 박자를 맞추어 보기도 하고, 동요를 들으며 다양한 동작으로 페트병을 움직여 보기도 한다.	• 투명한 페트병 안에 들어 있는 구슬이 몸의 움직임에 따라 떼굴떼굴 구르면서 선 모양의 그림을 그리고 또 부딪치는 소리를 들으며 이중의 즐거움을 느낄 수 있다. • 신체의 움직임에 따라 구슬의 움직임과 소리도 함께 달라진다는 것을 알 수 있다.

◈ 2단계(2주)

활동내용	활동목표
• 1단계의 활동을 반복한다. • 반복하면서 1단계보다 더 많은 것을 발견한다. • 페트병의 크기를 바꾸거나 또는 샌드위치 용기 등 페트 재질의 다른 용기들과 정수기용 투명 생수병과 같이 아주 큰 통을 구하여 북을 치듯이 손과 팔 전체로 잡고 움직이면서 구슬이 움직이는 것을 보게 한다.	• 다양한 크기의 페트병과 샌드위치 용기, 정수기용 투명 생수병을 구슬과 함께 다루어 보면서 소리와 부딪치는 모양, 신체감각 등 각각의 차이점을 경험할 수 있다.

◈ 3단계(3주)

활동내용	활동목표
• 물감 묻힌 구슬을 페트병 안에 넣고 다양한 동작으로 움직이며 구슬이 굴러가는 모습과 병 안에서 구슬에 의해 그려지는 선의 그림을 관찰한다. • 구슬이 병 안에서 부딪치며 내는 소리를 들어 본다. • 물감 묻힌 구슬을 상자 안에 넣고 굴려 보기도 한다.	• 상자와 페트병 안의 구슬이 부딪치는 소리가 다르다는 것을 통해 사물의 식별능력을 기를 수 있다. • 아동이 완성한 작품을 꽃병으로 활용함으로써 자존감을 높여 줄 수 있다. • 투명한 페트병의 특성상 입체적으로 겹쳐진 선의 이미지를 발견할 수 있다.

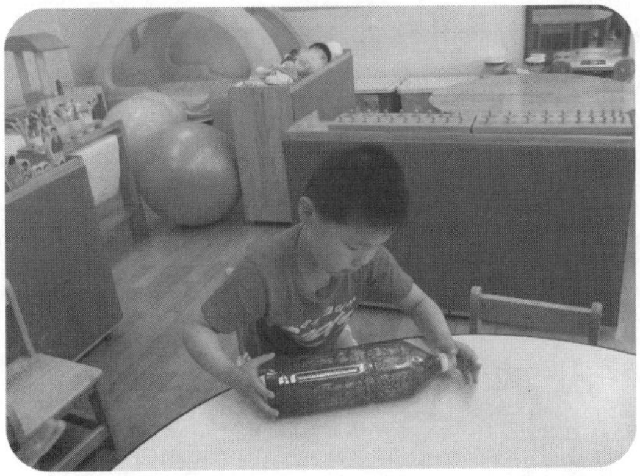

(5) 물을 이용한 미술활동

① 소재 선정 이유

- 제법 무게감이 느껴지는 물병을 손으로 들고 물이 나오는 것을 조절하면서 온몸을 함께 움직이며 바닥에 그림을 그리는 활동이므로 다양한 협응능력과 감각통합능력, 대 · 소근육의 조절능력을 길러 줄 수 있다.
- 투명 페트병 안의 물에 햇빛도 함께 담아 표현할 수 있으며, 물의 투명하고 기분 좋은 청량감을 느끼며 물이 쏟아지게 하는 큰 활동을 요구하지만 물감과 같이 옷과 몸에 묻는 부담이 없다.

② 활동방법

- 1단계: 풀이나 커다란 플라스틱 그릇 또는 수돗가 등에서 고무호스 등을 이용하여 물장난을 한다. 되도록 수영복을 입은 채 온몸을 움직이며 물을 튕겨 보고, 첨벙첨벙 쳐 보고, 발도 물속에 담가 움직이며 몸으로 직접 물을 느껴 본다.
- 2단계: 물이 담긴 페트병을 오감으로 탐색하고 온몸의 동작을 활용하여 물이 페트병 안에서 움직이는 모습을 본다. 팔과 어깨, 다리 등 신체의 움직임에 따라 달라지는 물의 상태와 모양을 본다.
- 3단계: 2단계를 반복하여 보다 익숙해지게 하며 교사의 도움 없이 스스로 할 수 있게 한다. 페트병과 주전자 등에 물을 담아 운동장과 콘크리트 바닥에 다양한 동작으로 움직이며 점과 선의 그림을 그린다. 신체의 움직임에 따라 나타나는 점과 선의 이미지와 느낌도 달라지는 것을 알게 한다. 분무기, 물총 등으로도 활동해 보며 서로 비교해 본다.

③ 사례의 활동내용

- 활동시간: 20~30분
- 활동자료: 1단계–물

2단계–페트병, 물

3단계–페트병, 주전자, 분무기, 물총

◈ 1단계(1주)

활동내용	활동목표
"와! 물이에요. 아이 시원해. 우리 물장난 할까? 이렇게 손을 담그고 찰랑찰랑, 손바닥으로 탁탁탁탁 또 이렇게 물방울을 튕기게도 할 수 있어요. 우리 친구들도 해 봐요." • 욕조나 풀, 커다란 플라스틱 그릇 또는 수돗가 등에서 물을 이용하여 마음껏 놀아 보게 한다. • 손과 팔, 다리의 기능을 모두 활용하여 물의 성질을 경험하고 각 신체 부위마다 물의 감촉을 느끼게 한다.	• 물은 몸과 옷에 묻어도 물감에 비해 부담이 없으며, 특유의 투명한 청량감과 일정한 형태가 없이 상황에 따라 그대로 달라지는 자유로운 성질 때문에 장애아에게 매우 매력적인 소재다. 그러므로 부담 없고 실패감 없이 자유롭게 표현할 수 있다. • 물의 양에 따라 그림이 달라지는 것을 경험할 수 있다.

◈ 2단계(2주)

활동내용	활동목표
• 1단계의 활동을 반복한다. • 물이 담긴 페트병을 잡고 이리저리 움직이며 몸이 움직이는 것에 따라 페트병 속의 물이 어떻게 되는지 보게 한다. • 페트병 안의 물이 있는 쪽을 아동의 뺨과 팔, 손등 위에 올려 놓아 본다.	• 협응능력과 감각통합능력, 대 · 소근육 조절능력을 길러 줄 수 있다. • 독특한 물의 아름다움을 경험할 수 있다. • 물의 특성을 경험하고 미술표현을 할 수 있다.

◈ 3단계(3주)

활동내용	활동목표
• 2단계의 활동을 반복한다. • 물이 가득 담긴 페트병을 준비하여 운동장으로 나간다. • 물이 담긴 페트병을 햇빛에 비춰 보기도 하고 팔을 움직여 물이 움직이는 모습, 물의 출렁이는 소리 등을 탐색한다. • 물이 담긴 페트병을 뺨과 손등, 팔등에 대어 본다. • 손과 팔 전체의 움직임에 따라 담겨 있는 물이 어떻게 달라지는지 살펴본다. • 물이 부딪치며 나는 소리, 햇빛에 의해 반짝이는 모양, 차가운 느낌 등을 경험한다. • 페트병을 잡고 유연하고 다양한 동작으로 운동장 바닥에 뿌려 보며 그림을 그린다. 제자리에서 또는 걷거나 뛰면서 물 그림을 그려 본다. • 개별적으로 또는 다 함께 그려 본다. • 교사가 같이 뛰거나 한 명씩 앞에서 유도해 주거나 뒤에서 붙잡고 도와준다.	• 감각통합이 필요한 장애아들이 전신을 움직이며 운동장을 맘껏 뛰어다니면서 동시에 그림이 그려지며 스스로 환경을 변화시킬 수 있다는 자신감을 느끼게 할 수 있다. • 몸 전체의 움직임에 따라 달라지는 물 그림을 보며 신체의 구조, 기능 및 힘의 세기, 크기, 양에 대해 이해할 수 있다. • 부드러운 곡선과 쭉 뻗은 직선 등 다양한 선의 느낌을 경험할 수 있다. • 페트병과 분무기, 물총과 비교하며 차이점을 경험할 수 있다.

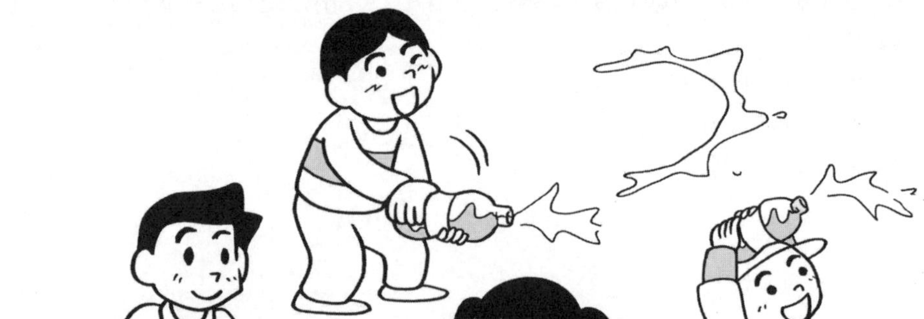

(5) 두루마리 휴지를 이용한 미술활동

① 소재 선정 이유

- 부드러운 곡선의 이미지를 다양하게 표현하고 발견할 수 있으며, 점점 길어진다는 말의 의미와 선의 의미를 구체적으로 이해할 수 있다.
- 두루마리 휴지를 굴려 보면서 직선의 느낌을 표현할 수도 있으며 선이 모여 면이 되는 것을 경험할 수 있다.

② 활동방법

- 1단계: 부드러운 음악에 맞추어 몸을 움직여 보면서 부드러운 느낌을 이해한다. 두루마리 휴지를 들고 부드러운 음악에 맞추어 몸을 움직여 보면서 거기에 따라 나타나는 선의 이미지를 감상한다. 전신을 이용한 다양한 동작을 유도한다.
- 2단계: 1단계를 반복하여 경험하고, 앉아서 두루마리 휴지를 굴려 보며 직선을 경험한다. 점점 길어지는 것을 경험하고 선이 모여 면이 이루어지는 것을 경험한다.
- 3단계: 아동의 몸이나 작업대, 의자, 창문 등에 잘라진 휴지를 감아서 또는 늘어뜨려서 꾸며 준다.

③ 사례의 활동내용

- 활동시간: 20~30분
- 활동자료: 1단계-두루마리 휴지, CD 플레이어
  2단계-두루마리 휴지, CD 플레이어
  3단계-두루마리 휴지

◈ 1단계(1주)

활동내용	활동목표
"친구들 이거 집에서 많이 봤지요? 만져 봐요, 폭신폭신… 데굴데굴 굴러가기도 하네요." • 부드러운 느낌의 음악을 들으며 음악에 맞추어 천천히 몸을 움직여 본다. • 두루마리 휴지를 손으로 잡고 위의 활동에서처럼 몸 전체를 움직여 본다. • 거울을 보며 자신이 움직이는 모습을 보게 하거나 서로 마주 보고 움직이게 한다.	• 부드러운 곡선의 이미지를 구체적으로 느낄 수 있다. • 몸의 움직임에 따라 함께 달라지는 곡선의 이미지를 경험할 수 있다.

◈ 2단계(2주)

활동내용	활동목표
• 1단계의 활동을 반복한다. • 두루마리 휴지를 하나씩 갖고 바닥에 둥글게 앉는다. • 두루마리 휴지의 한쪽 끝을 잡고 다른 한 손으로 힘있게 툭 쳐서 휴지가 굴러가게 한다. 굴러가며 나타나는 직선을 감상한다. • 휴지가 굴러가는 모양을 다양한 언어로 표현한다. • 여럿이 함께 하며 선이 교차되어 면의 모양이 되도록 한다.	• 직선과 곡선의 느낌이 각각 어떻게 다른지 알 수 있다. • 선이 모여 면이 된다는 것을 경험할 수 있다.

◈ 3단계(3주)

활동내용	활동목표
• 2단계의 활동을 반복한다. • 1, 2단계에서 잘라 놓은 휴지를 이용하여 나무나 아동의 몸, 장난감, 창문, 의자, 작업대 등을 감거나 늘어뜨리는 등의 방법으로 꾸며 준다.	• 길이와 양의 개념을 경험할 수 있다. • 다양한 직선과 곡선을 표현해 볼 수 있다. • 선이 모여 면이 되는 것을 경험할 수 있다.

(ㄱ) 붓을 이용한 미술활동

① 소재 선정 이유

• 지금까지 해 왔던 공, 풍선, 구슬과 페트병을 이용한 활동보다 손과 손목, 팔꿈치 등의 동작과 조절능력을 유연하게 길러 줄 수 있다.

• 다양한 동작으로 힘의 세기를 조절하며 여러 빛깔의 물감을 뿌려 보면서 점과 선의 모양을 발견하고 몸의 힘과 감정을 가장 직접적으로 느낄 수 있다.

② 활동방법

• 1단계: 붓의 이름, 사용방법을 알려 주고 붓털의 감촉을 뺨과 손등, 팔과 다리 등 각 신체 부위별로 느껴 본다. 물감을 묻혀 다양한 동작으로 뿌려 본다. 신체의 움직임, 힘의 세기에 따라 그림이 어떻게 달라지는지 경험한다.

• 2단계: 1단계를 반복하되 좀 더 익숙해질 수 있도록 한다. 바닥에 켄트전지 외에도 소포 포장지, 광목천과 같은 옷감을 넓게 펼쳐 주고 그 위에 액션페인팅을 하게 한다.

• 3단계: 2단계를 반복하되 좀 더 익숙해질 수 있도록 한다. 연주곡과 동요 또 교사의 다양한 감정이 담긴 음성과 연계하여 표현해 본다. 붓 두 개를 동시에 잡고 해 보면서 양손의 협응능력이 길러질 수 있도록 한다. 작업대에 앉아서 스케치북에 물감 칠하기 놀이를 한다.

③ 사례의 활동내용

• 활동시간: 20~30분

• 활동자료: 1단계–20호 이상 둥근 붓, 물감도구, 켄트전지, CD 플레이어
2단계–20호 이상 둥근 붓, 물감도구, 켄트전지, 소포 포장지, 광목천, CD 플레이어
3단계–20호 이상의 둥근 붓, 물감도구, CD 플레이어, 도화지

◈ 1단계(1주)

활동내용	활동목표
• 재미있는 동작으로 붓으로 여기저기 두드리며 여러 가지 소리를 내어 아동의 관심을 유도한다. **"짠! 이게 뭘까? 여기도 톡톡톡 또 여기도 탁탁탁… 어? 털도 달려 있어요."** • 붓의 구조와 사용방법, 이름 등을 가르쳐 준다. • 붓끝의 털의 감촉을 뺨과 손등, 팔목, 다리 등 각 신체 부위에 살살 문질러 촉감을 느끼게 해 준다. • 작업실 벽과 바닥에 전지를 넓게 펼쳐 붙이고 깔아 놓는다. • 20호 이상의 둥근 붓에 물감을 듬뿍 묻혀 벽과 바닥의 전지 위에 힘의 세기를 조절하며 다양한 동작으로 뿌린다. • 손과 손목과 팔, 어깨까지 함께 유연하게 움직일 수 있게 한다. • 앉아서, 서서, 책상 위에서, 의자 위에서 뿌려 보고 어떻게 달라지는지 이야기 나눈다. • 음악을 들으며 그 분위기에 맞추어 물감을 뿌려 본다.	• 손목과 팔등 몸의 움직임에 따라 다양한 빛깔의 이미지가 즉각적으로 나타나므로 적극적인 참여와 다양한 신체의 표현을 유도할 수 있다. • 붓을 손으로 쥐고 잡으면서 손과 팔, 어깨 등 대·소근육의 조절능력을 기를 수 있다. • 위, 아래, 높이 등 공간감각을 기를 수 있다. • 몸의 움직임과 힘의 세기 조절에 따라 달라지는 그림을 보며 인과관계를 경험할 수 있다. • 빨리, 천천히 뿌려 보며 속도에 대해 알 수 있다. • 다양한 느낌과 감정을 부여해 미술 표현을 할 수 있다.

◈ 2단계(2주)

활동내용	활동목표
• 1단계를 반복하되 붓을 잡는 동작이 보다 익숙해질 수 있도록 한다. • 바닥에 광목천과 소포 포장지 등을 넓게 펼치고 그 위에서 다양한 동작으로 액션페인팅을 한다. • 붓으로 길게 선 그리기 놀이를 한다.	• 손목과 팔등 몸의 움직임에 따라 다양한 빛깔의 이미지가 즉각적으로 나타나므로 적극적인 참여와 다양한 신체의 표현을 유도할 수 있다. • 붓을 손으로 쥐고 잡으면서 손과 팔, 어깨 등 대·소근육의 조절능력을 기를 수 있다.

◈ 3단계(3주)

활동내용	활동목표
• 1, 2단계의 활동을 반복한다. • 보다 유연하고 익숙해지도록 한다. • 붓 두 개를 양손에 들고 함께 뿌려 본다. • 강, 약, 고, 저, 느리게, 빠르게 등 다양한 음성과 언어자극에 의해 동작을 움직이며 물감을 뿌리게 한다(톡톡톡, 뚝! 뚝! 타다닥, 톡탁톡탁). • 동요를 부르며 뿌려 본다.	• 양손의 협응능력을 길러 줄 수 있다. • 청각적인 자극과 연계하여 표현할 수 있다. • 언어에 대한 감각을 기르고 언어 확장의 기회를 줄 수 있다. • 음악에 있어 강약과 빠르기 등을 함께 통합하여 표현할 수 있다. • 다양한 점과 선의 형을 발견하고 표현할 수 있다.

(日) 크레파스를 이용한 미술활동

① 소재 선정 이유

• 지금까지 다루었던 소재 중 가장 짧은 직선모양이며, 자신의 손에 쥐고 직접 화지에 그려 보면서 스스로 무언가를 조정한다는 것을 느낄 수 있다.

• 신체의 각 부분을 골고루 다양한 동작으로 움직이며 지금까지 경험했던 다양한 선의 이미지를 그림으로 표현할 수 있으며, 각 사물의 재질에 따라 질감이 달라진다는 것을 경험한다.

• 크레파스를 이어 보면서 직선 곡선, 동그라미도 표현해 볼 수 있으며, 쌓아서 입체조형물을 만들어 공간 지각력을 기를 수 있다.

② 활동방법

• 1단계: 교실 안을 두루 다니며 직선 느낌을 손끝으로 만져 본다. 굵은 밧줄을 구하여 부드러운 곡선의 느낌을 손끝으로 만져 본다. 벽에 붙인 전지에 음악을 들으며 다양한 동작으로 선 그림을 그린다. 걷거나 뛰면서 그려 보기도 한다.

• 2단계: 켄트지 등 화지 외에도 구겨진 종이, 신문지, 비닐종이, 사포, 스티로폼 등에 그려 보고 밖으로 나가 콘크리트 바닥, 돌멩이, 나뭇잎 등 위에도 자유롭게 칠하기 놀이를 하며 다양한 질감을 느껴 본다.

• 3단계: 1, 2단계를 반복하여 경험하고 크레파스를 이어 보고 쌓아 보면서 정교한 협응력과 손가락의 조절능력, 다양한 직선, 곡선, 동그라미, 세모, 네모 등을 표현해 보고 입체조형감각을 경험한다.

③ 사례의 활동내용

• 활동시간: 20~30분

• 활동자료: 1단계-크레파스, 전지, 굵은 밧줄, CD 플레이어

2단계-크레파스, 다양한 재질의 종이, 사포, 스티로폼, 돌멩이

3단계-크레파스, 전지, CD 플레이어

◈ 1단계(1주)

활동내용	활동목표
"손가락으로 쭈-욱! 이렇게. 자, 이건 구-불 구불, 구불" • 작업대, 모서리, 창문틀, 문의 테두리 등을 만져 보며 직선의 느낌을 손끝으로 직접 느끼게 한다. • 굵은 밧줄과 같이 곡선이 느껴지는 사물을 준비하여 만져 보게 한다. • 전지를 아동의 키 높이에 맞추어 작업실 벽 전체에 붙인다. • 크레파스를 잡고 기차놀이하듯 움직이며 선 그림을 그린다. • 빨리, 천천히, 위, 아래 또 힘의 세기를 조절하며 그린다. • 음악을 들으며 그린다. • 교사가 다양한 음성과 언어표현으로 재미있게 변화를 주며 움직이게 한다. • 한 자리에서 팔과 엉덩이, 종아리까지 전신을 움직이며 부드러운 느낌의 곡선 그림을 그린다.	• 직선과 곡선을 구체적으로 경험할 수 있다. • 이동거리에 따라 선의 길이가 달라지는 것을 알 수 있다. • 뛰거나 걸을 때 선이 다르게 그려지는 것을 알 수 있다. • 언어와 소리에 따라 그림의 이미지와 느낌이 달라지는 것을 알 수 있다. • 힘이 들어간 선, 기다란 선, 짧은 선, 부드러운 선, 뭉쳐진 선, 위 아래로 쭉 뻗은 선, 둥근 선 등 자신의 신체동작과 표현되는 그림의 상관관계를 알 수 있다. • 다양한 감정을 이해하고 표현할 수 있다.

◈ 2단계(2주)

활동내용	활동목표
• 1단계의 활동을 반복한다. • 다양한 종이와 스티로폼, 사포 등에도 그리게 한다. • 밖으로 나가 돌멩이, 나뭇잎 등 본인이 관심을 갖는 것에도 크레파스 칠하기 놀이를 하며 각 사물의 재질에 따라 질감이 달라지는 것을 느끼게 한다.	• 다양한 촉감과 질감을 느낀다. • 주변 사물에 관심을 가질 수 있다. • 크레파스를 손으로 쥐거나 잡는 등 도구 사용법을 익힐 수 있다.

◈ 3단계(3주)

활동내용	활동목표
• 1, 2단계의 활동을 반복한다. • 크레파스를 하나하나 꺼내어 길게 이어 보고 쌓아 보고 하나, 둘, 셋, 세모… 넷, 네모 등 이야기하며 기본 도형을 만들어 본다.	• 협응력과 손가락의 조절능력, 입체감각을 길러 줄 수 있다. • 크레파스를 이어 보고 쌓아 보며 길이와 높고 낮음을 경험하고, 세모와 네모를 경험하고 입체조형감각을 기를 수 있다.

지적 장애아를 대상으로 전개한 미술활동을 그림으로 나타내면 다음과 같다.

수준	1단계	2단계	3단계
1수준 볼풀 공 활동 (점)	볼풀 공과 나 문학, 음악, 연극과 통합하는 활동	볼풀 공과 사물 문학, 음악, 연극과 통합하는 활동	볼풀 공과 창의적 표현 문학, 음악, 연극과 통합하는 활동
2수준 풍선 활동 (점)	풍선과 나 문학, 음악, 연극과 통합하는 활동	풍선과 사물 문학, 음악, 연극과 통합하는 활동	풍선과 창의적 표현 문학, 음악, 연극과 통합하는 활동
3수준 테니스 공 활동 (점과 선)	테니스 공과 나 문학, 음악, 연극과 통합하는 활동	테니스 공과 사물 문학, 음악, 연극과 통합하는 활동	테니스 공과 창의적 표현 문학, 음악, 연극과 통합하는 활동
4수준 구슬 활동 (점과 선)	구슬과 나 문학, 음악, 연극과 통합하는 활동	구슬과 사물 문학, 음악, 연극과 통합하는 활동	구슬과 창의적 표현 문학, 음악, 연극과 통합하는 활동
5수준 물 활동 (점과 선)	물과 나 문학, 음악, 연극과 통합하는 활동	물과 사물 문학, 음악, 연극과 통합하는 활동	물과 창의적 표현 문학, 음악, 연극과 통합하는 활동
6수준 휴지 활동 (선)	휴지와 나 문학, 음악, 연극과 통합하는 활동	휴지와 사물 문학, 음악, 연극과 통합하는 활동	휴지와 창의적 표현 문학, 음악, 연극과 통합하는 활동
7수준 붓 활동 (선)	붓과 나 문학, 음악, 연극과 통합하는 활동	붓과 사물 문학, 음악, 연극과 통합하는 활동	붓과 창의적 표현 문학, 음악, 연극과 통합하는 활동
8수준 크레파스 활동 (선)	크레파스와 나 문학, 음악, 연극과 통합하는 활동	크레파스와 사물 문학, 음악, 연극과 통합하는 활동	크레파스와 창의적 표현 문학, 음악, 연극과 통합하는 활동

[그림 5-1] 지적 장애아를 위한 활동 전개

2) 시각장애아의 미술활동 실제

활동은 ① 콩을 이용한 미술활동 ② 신문지를 이용한 미술활동 ③ 상자를 이용한 미술활동의 순서로 진행하며 그 이유는 다음과 같다.

첫째, 비구조적인 소재부터 시작하여 시각장애아로 하여금 실패감 없이 자유롭게 활용하면서 표현할 수 있도록 하기 위함이며, 점의 느낌이 강한 콩으로부터 선과 면으로 형성되어 가는 과정, 신문지와 상자로 옮겨 가면서 2차원에서 3차원으로 형성되어 가는 과정을 순차적으로 이해시킬 수 있다.

둘째, 시각은 눈을 통해 받아들인 감각특징을 나중에 경험한 지각과 구조화하고 통합하여 전체적으로 이해하도록 하는 감각이다. 따라서 시각장애아는 정안아와는 달리 공간 속에서의 사물의 존재와 특성을 한눈에 파악하기가 어렵다. 그러므로 콩과 같은 최소단위의 사물로부터 시작하여 부분경험들이 점차적으로 모아져서 전체를 형성하는 기회를 주는 것이 좋다.

셋째, 콩과 같이 친숙하면서도 가볍고 위험하지 않은 사물을 던지고 쏟고 담고 주무르고 만지고 쥐어 보고 밟는 등 온몸의 기능을 맘껏 활용하면서 신체를 효과적으로 사용하는 방법을 경험하도록 하며, 그다음 신문지와 함께하는 미술활동, 상자와 함께 하는 미술활동의 순서로 활동하면서 양과 크기, 무게, 부피, 넓이, 길이, 전체와 부분, 거리, 시간의 개념, 이동능력 등을 습득하는 데 도움이 될 수 있다.

넷째, 씨앗(콩)이 성장하여 나무(신문지, 상자)가 되고 흙과 바람, 햇빛과 물, 하늘 등과 함께 자연으로부터 와서 우리의 실생활 속에서 다양한 관계를 맺게 된다. 시각장애아들에게 추상적인 개념인 생명과 사랑, 자연, 환경, 생명의 순환, 자연의 질서 등에 대해 깊이 느끼고 상상할 수 있는 기회가 되도록 한다.

(1) 콩을 이용한 미술활동

① 소재 선정 이유

- 콩은 생명을 잉태한 씨앗이기도 하며, 흙과 미생물, 바람과 물, 햇빛 등 자연 속에서 자라나 다시 우리의 실생활 속으로 돌아와 우리와 다양한 관계를 맺으며, 많은 이야기를 담고 있는 소재다.
- 콩은 미술에서 형을 이루는 가장 최소단위인 점의 느낌이면서 그 점이 어떻게 선과 면으로 형을 이루어 가는지 또 전체와 부분, 측정, 공간, 수 등에 대한 개념을 이해할 수 있게 해 주고, 시각장애아들을 다치게 하거나 위험한 요소가 없으면서 쉽게 온몸을 이용한 다양한 신체 표현과 감각을 활용할 수 있게 해 준다.

② 활동방법

전술한 바와 같이 콩은 최소단위인 점의 느낌부터 선과 면의 느낌까지 표현할 수 있는 소재이면서 담기, 쏟아 보기, 던지기, 밟기, 흩트리기, 모아 보기, 이어 보기, 쌓아 보기 등 다양한 활동과 많은 이야깃거리를 갖고 있는 소재다. 그러므로 총 10주 동안 수업을 하며 시각장애아동들이 콩에 대하여 충분히 교감을 나누고 탐색할 기회를 준다.

- 1단계: 콩이라는 사물에 온몸으로 집중할 수 있도록 콩으로만 활동하였다. 콩이 어떻게 생겨난 것이며 또 어떤 모습으로 변할 수 있는지 이야기 나누고 동화책을 통하여 콩에 대한 생각이 확장되도록 한다. 총 4주 동안 아동들은 콩과 마음껏 놀면서 다각적으로 경험할 수 있다.
- 2단계: 대상아동이 좋아하는 장난감과 주변의 친숙한 사물들, 컵과 그릇, 숟가락 등을 가지고 활동하도록 한다. 콩과 장난감, 컵과 그릇 또 상자와 함께 활동하면서 콩을 여기저기 넣어 보고, 숟가락과 손가락 등으로 담고, 쏟아 보고, 한 개씩 넣어 보고 또 흔들어서 다양한 소리를 들어 보면서 콩과 함께한 사물의 구조와

원리, 기능 등을 파악한다. 예를 들어, 장난감 총과 주전자를 가져와 그 안에 콩을 넣어 보면서 총과 주전자의 구조 또 어떻게 총알과 물이 나오는지 스스로 탐색한다. 이렇게 사물의 구조와 원리, 기능을 파악하는 것은 그 사물을 이미지화하는 미술 표현에 반드시 필요한 과정이다.

- 3단계: 1, 2단계에서 경험한 것을 토대로 3차원적인 소재인 점토와 2차원적인 소재인 시트지를 이용하여 본인이 의도한 것들을 표현한다. 이 과정에서 아동은 구체적이거나 사실적이지는 않아도 본인이 좋아하는 대상을 볼륨감 있게 표현하기도 하고 점자를 표현하기도 하며, 한 줄로 또는 두 개씩, 세 개씩 홀수와 짝수로 표현하기도 하고, 점점 길게 점점 넓은 표현 등 이미지를 형성하는 데 있어 가장 기본적인 요소인 점과 선, 면의 다양한 느낌들을 표현한다. 구체적인 활동의 내용은 다음과 같다.

③ 활동내용

- 활동시간: 50~60분 정도
- 활동자료: 1단계–검은 콩, 분꽃 씨 등 다른 씨앗, 콩과 씨앗에 대한 동화책, CD 플레이어
  2단계–검은 콩, 컵과 숟가락, 그릇, 다양한 장난감 등
  3단계–검은 콩, 점토, 투명 접착 시트지

◈ 1단계(1~4주)

활동내용	활동목표
"작고 귀여운 친구가 우리 작업실에 놀러왔어요. 누굴까요?" • 상자에 가득 담긴 콩을 가지고 들어와 하나씩 나누어 주고 바닥에 앉아서 자유롭게 만지게 한다. • 1개의 콩을 손가락으로 만지면서 리드미컬한 음성으로 콩,콩, 콩! 콩콩콩콩콩 코옹콩! 등 노래하듯 이름을 가르쳐 준다. • 콩이란 이름에서 무엇이 연상되는지 대화한다. • 힘 있게 센 발음으로 "콩! 콩! 코-옹 콩! 무엇이 생각나나요?" -까부는 거요. 장난꾸러기 -코딱지이요. 콩나물이요. 팝콘, 땅콩. • 작고 부드러운 목소리로 "콩, 콩. 코-옹-콩 뭐가 생각나요?" -개미요, 콩알자석, 점자. • 각자 콩을 손가락으로 만져 보고 눌러 본다. • 콩을 한 개씩 들어 떨어뜨려 본다. "우리 오늘은 콩이랑 친해지는 거예요. 콩이 어떤 친구인지 두 손에 꼬옥 쥐어 보자. 콩은 어떤 노래를 부를까? 무슨 말을 하고 싶을까?" • 다양한 감각과 신체부위를 이용하여 콩을 탐색하고 느껴 본다. • 상자 안에 담긴 콩을 두 손으로 모아 보고 손 안에 꼭 쥐어 보고 두 손으로 쥐었다가 쏟아 부으면서 소리를 들어 본다. • 두 손가락으로 콩 한 개를 집어서 눈, 코, 입 등 얼굴 부위에 골고루 대어 본다.	• 콩은 일상에서 쉽게 접할 수 있는 사물이지만 시각장애아들은 접해 볼 기회가 없어서인지 선뜻 반응을 보이지 않으므로 우선 콩과 친해질 수 있도록 한다. • '콩' 이란 이름과 촉각으로 느껴지는 콩의 감각을 함께 연계하여 느낄 수 있다. • 언어감각을 길러 줄 수 있다. • 콩과 주변의 것들을 관련지어 생각할 수 있다. • 시각장애아, 특히 맹아들은 아주 작은 것들을 직접 만지고 조작할 기회가 자주 없다. 제시된 활동들은 양손 협응능력 및 소근육 발달과 조작능력을 길러 줄 수 있다. • 다양한 감각을 통해 보다 정확하게 콩에 대해 지각할 수 있다. • 얼굴 및 신체 각 부위에 대어 보면서 콩을 좀더 민감하게 느껴 보고 촉 감각을 길러 주며 신체에 대한 이미지와 개념 형성을 도와줄 수 있다. • 콩을 통해 미술의 요소 중 최소 단위인 점에 대해 느끼고 생각해 볼 수 있다. • 쏟아 부으면서 맘껏 표출한다는 해방감을 느끼며 긴장을 해소할 수 있다.

〈계속〉

- 냄새를 맡아 보고 입에 넣어 깨물어 보고 맛을 느껴 본다.
- 팔과 어깨 등에 콩을 올려 놓아 본다.
- 다리를 쭉 뻗고 종아리와 넓적다리에 올려 놓아 본다.
- 모두 다 상자를 들고 일어나서 콩을 바닥에 쏟아 붓는다.
- 맨발로 콩 위를 밟아 보고 발바닥의 감촉에 대해 이야기 나눈다(이때 발바닥에도 눈이 있다고 생각해 본다).
- 다양한 스텝으로 콩 위에서 움직여 본다.
- 콩 위에서 음악에 맞추어 몸을 움직여 본다.
- 콩 위에 누워서 온몸으로 콩을 느낀다.

- 평소 큰 동작으로 온몸을 활발히 움직일 기회가 많지 않은 시각장애아에게 운동감각과 신체의 기능을 향상시킬 수 있다.
- 머리, 얼굴, 어깨, 등, 팔과 손, 엉덩이 등 온몸으로 콩을 느끼며 팔과 다리 등 신체 각 부위가 각각 분리된 것이 아니라는 것을 알 수 있다.
- 콩에 대하여 다양한 상상을 할 수 있다.

◈ 2단계(5~7주)

활동내용	활동목표
• 콩을 상자에 담아서 상자를 들고 전후, 좌우 등 여러 방법으로 움직이며 여러 가지 소리를 만들어 본다. (소나기 오는 소리, 바람 부는 소리, 파도치는 소리, 빗방울이 톡톡 떨어지는 소리) • 컵, 숟가락, 그릇 등을 이용하여 담아 보고 쏟아 본다. • 다양한 장난감(필통, 소꿉놀이 세트, 자동차, 냉장고, 총)에 콩을 담아 보는 등 다양한 방법으로 자유롭게 가지고 논다.	• 콩에 대해 다각적으로 이해하며 주변의 사물과 자연현상에 관심을 가질 수 있다. • 콩에 감정을 부여하고 풍부한 표현력을 기른다. • 전체와 부분, 양과 크기, 부피, 넓이, 길이 등에 대해 알 수 있다. • 사물의 구조를 이해할 수 있다.

◈ 3단계(8~10주)

활동내용	활동목표
• 천사점토를 동그랗게, 길쭉하게 또는 자유롭게 만들어 보고 그 점토 모양에 콩을 박아 보고 만두 빚듯 점토 안에 넣어 보기도 한다. • 투명 시트지를 벗겨내고 끈끈한 면을 만져 본다. 그 위에 콩을 자유롭게 붙였다 떼었다 해 본다. 콩을 차례대로 하나하나 붙여 본다. 길게 선 모양으로 두 개씩, 세 개씩, 네 개씩 붙여 보고 면의 모양을 만들어 본다. • 버스, 지하철, 냉장고 등 원하는 것을 표현한다.	• 콩에 대해 다각적으로 이해하며 주변의 사물과 자연현상에 관심을 가질 수 있다. • 콩에 감정을 부여하고 풍부한 표현력을 기른다. • 전체와 부분, 양과 크기, 부피, 넓이, 길이 등에 대해 알 수 있다. • 사물의 구조를 이해할 수 있다.

(ㄹ) 신문지를 이용한 미술활동

① 소재 선정 이유

- 신문지는 부담 없이 주변에서 구할 수 있으며 다른 종이류에 비해 다루기 쉽고 다양한 표현이 가능하다. 쉽게 찢을 수 있으면서 그다지 약하지도 않으며, 얇지만 잘 뭉쳐져서 두께감, 무게감을 느낄 수 있고, 잘 구겨지며, 접을 수 있고, 붙이고 날리고 쌓고 말아 보는 등 가변성이 풍부하다. 또한 콩과 같이 자연에서 온 소재이므로 숲과 나무 등과 관련지어 다양한 이야기가 가능하며, 비구조성이 강한 소재이므로 자유롭게 가지고 놀면서 실패감 없이 다양한 표현을 시도해 볼 수 있고, 시각장애아들이 신문지를 이용하여 활발하게 전신을 골고루 움직이면서 대 · 소근육 등을 사용할 수 있고 오감각을 충분히 경험할 수 있다.
- 가변성이 풍부한 신문지로 자신의 감정과 생각을 마음껏 표현하면서 부적절한 행동과 시각장애아의 자기자극행동을 완화시킬 수 있다.
- 콩과 같이 점과 선, 면에 대한 개념을 골고루 다룰 수 있으면서 콩에 비하여 면에 대한 적극적인 탐색을 할 수 있으며, 면이 어떻게 입체가 되어 가는지, 즉 어떻게 2차원이 3차원화되어 가는지 경험할 수 있으며, 공간 속에서 이동하고 감각을 사용하여 해석할 수 있는 기회를 가질 수 있다.

② 활동방법

- 1단계: 콩과 같이 1단계에서는 온몸으로 직접 체험하며 자유롭게 가지고 놀면서 충분히 신문지의 성질을 탐색하도록 한다. 신문지의 원재료는 어디서 왔으며 신문의 역할 등에 대해 생각해 볼 기회가 된다.
- 2단계: 신문지와 작업실의 벽과 바닥, 작업대와 의자 등을 함께 이용하여 표현한다. 이 과정을 통하여 아동들은 작업실 공간과 작업대와 의자 등의 구조, 공간의 깊이, 넓이, 높이 등에 대해 알 수 있고 자신의 몸을 수량의 기초단위로 활용할 수 있는 능력, 직선과 면의 느낌, 신문지라고 하는 2차원의 사물을 어떻게 3차원

으로 표현할 수 있는지 경험할 수 있다.

• 3단계: 1, 2단계에서 파악한 신문지의 특성을 풀과 가위 등을 이용하여 좀 더 섬세하고 구체적인 조작과 표현을 할 수 있다. 점점 작게 콩알처럼 아주 작게… 또 그 작은 것들을 이어서 붙이기도 하고 큰 것과 작은 것을 함께 붙이고 오리고 접어 보고 하면서 아파트, 지하철, 교회, 운동장, 버스 등 본인이 관심 있어 하는 주제와 연계하여 표현한다. 구체적인 활동내용은 다음과 같다.

③ 활동내용

• 활동시간: 50~60분 정도

• 활동자료: 1단계-신문지, 동화책, CD 플레이어
  2단계-신문지, 투명 접착테이프
  3단계-신문지, 가위, 풀

◈ 1단계(1~2주)

활동내용	활동목표
"오늘 우리 작업실에 놀러온 친구는 뭘까요?" **-신문지요.** **"와! 다들 알고 있었네요. 신문지하고 어떻게 놀까요?"** **-지난번 콩처럼요. 막 뛰고 던지고… 신나-게.** • 신문지를 다양한 감각과 신체의 각 기능을 활용하여 탐색해 보고 표현할 수 있도록 한다. • 많은 양의 신문지를 준비하여 마음껏 날려 본다. 바닥 가득 덮일 수 있도록 하여 신문지 위에서 손으로 두드려 소리를 내어 보고 온몸을 활발히 움직여 헤엄쳐 보며 두 팔과 어깨 손을 힘 있게 휘저어 본다. • 한 명씩 돌아가며 신문지를 이용하여 소리를 내어 보고 어떤 소리인지 알아맞히기를 한다. 신문지가 우리에게 하고 싶은 말이 뭘까 상상해 본다. • 일어나서 신문지를 맨발로 밟고 발바닥으로 찢어 본다. • 신문지 위에서 음악을 들으며 다양한 스텝으로 움직여 본다.	• 운동기능과 협응능력, 감각통합을 도와줄 수 있다. • 자연스럽게 신문지의 성질을 이해하고 그 특성을 살려 표현할 수 있다.

◈ 2단계(3~4주)

활동내용	활동목표
"우리 작업실에는 무엇이 있을까요?" -의자, 책상, 가방, 창문, 문… "우리 직접 걸어다니면서 의자, 작업대, 창문, 문 등을 만져 보기로 해요." "이렇게 작업대나 기차처럼 긴 것은 선이라고 해요. 많이 걸어갈수록 길-어지는 거예요." • 작업실 안을 천천히 돌아다니며 작업대와 의자, 벽, 문, 창틀 등을 만져 본다. "우리 신문지로 문에서 벽까지 다리처럼 연결해 볼까요? 어떻게 연결해 줄 수 있을까?" -테이프요. 테이프를 길게 해 주면 돼요. "의자와 작업대도 연결해 볼까요?" • 교사가 접착테이프를 이용하여 벽과 벽 또 작업대와 의자 등 작업실 안의 기물 등을 이용하여 거미줄같이 연결해 준다. • 접착테이프를 어느 곳에 붙였는지 알려 주고 손으로 접착면을 만지게 하여 신문지를 붙일 수 있도록 한다. • 길게 연결하여 만들 수 있다는 것을 설명해 준다. • 신문지를 한 장 또는 반 장씩 붙여 나간다. "우리 친구들 무엇을 생각하며 만들고 있나요?" -우리 집 만들어요. -여기는 택배회사예요. -여기는 경복궁역이야. • 긴 터널모양이 되기도 하고 여러 구역으로 나누어진 재미있는 공간이 생겨난다. 만들어진 공간에서 기어 다니고 신문지를 손으로 만지고 툭툭 쳐보며 다양한 소리를 만들어 본다. • 만들어진 공간에 대하여 이름을 붙인다.	• 작업실 내부와 작업대, 책상 등의 위치, 구조에 대해 알 수 있다. • 손으로 작업대와 벽 등을 만지면서 쭉 뻗은 직선의 느낌과 넓은 면의 느낌에 대해 알 수 있다. • 자신의 몸을 이용하여 방향감각과 공간을 인식할 수 있다. • 크고 넓은 공간을 자신감 있게 접해 보고 본인 스스로 작업실을 친구들과 함께 꾸며 봄으로써 협동심과 3차원의 실내공간에 대한 감각을 기를 수 있다. • 주위 환경을 파악할 수 있는 오리엔테이션 능력과 이동능력을 기를 수 있다. • 친구들과 함께 작업하면서 협동심을 길러 줄 수 있다.

◈ 3단계(5~6주)

활동내용	활동목표
"신문지를 아주아주 작게 콩같이 작게 하려면 어떻게 하면 될까요?" –찢고 또 찢고. "좋은 생각이에요. 자꾸 찢으면 작아지겠군요." • 달팽이집 노래를 부르며 작업을 한다. • 신문지를 점점 더 좁게, 점점 더 작게… 아주 작게 찢어 본다. "또 다른 방법은 없을까요?" –자꾸 접어도 작아져요. "그래요. 그런데 신문지는 쭈–욱 찢어서 가는 선, 굵은 선도 만들 수 있어요." "기분이 좋을 때는 이렇게 힘 있게 쭉! 슬플 때는 이렇게 쭈–우–우–욱 우리 친구들도 해 보세요. 팔을 쭉 길게 뻗어서." "긴 선은 무엇을 닮았을까?" –지하철, 뱀, 다리 • 찢은 것을 서로 붙여 보고 상징화하여 자신이 관심 있어 하는 대상들과 대응시켜 본다. • 아동 손을 한 명씩 잡아 주며 오려 보고, 꼬아 보고, 말아 보는 등 여러 가지 모양을 자유롭게 만들 수 있도록 손동작으로 천천히 가르쳐 준다.	• 점, 선, 면의 개념을 이해할 수 있다. • 다양한 형을 발견하고 표현할 수 있다. • 점과 선을 조합하여 원하는 모양을 만들 수 있다. • 원하는 것을 직접 만들어 보면서 주변에 대한 관심을 높이고 표현력과 자신감을 길러 줄 수 있다.

(3) 상자를 이용한 미술활동

① 주제 선정 이유

- 콩과 신문지와 비교해 볼 때 구조적이기는 하나 그 나름대로 많은 장점을 가지고 있다. 쌓을 수 있기 때문에 시각장애아동이 활동하고 생활하는 현실적인 공간과 사물의 기본구조를 파악하는 데 도움이 될 수 있으며 다양한 방법으로 쌓아 보면서 풍부한 상상력과 창의력을 길러 줄 수 있다.
- 작은 상자는 콩과 같이 점과 선, 면의 느낌을 골고루 표현할 수 있다. 깨지거나 무겁지 않아 시각장애아에게 위험한 요소가 없으므로 신문지와 콩과 같이 온몸을 이용하여 맘껏 가지고 놀면서 표현할 수 있으며 오감을 골고루 자극할 수 있다.
- 상자 안의 공간 속에 작은 상자나 무언가를 담아 보고 또 큰 상자 안에는 아동이 직접 들어가 봄으로써 공간에 대한 감각과 수량의 기초개념을 형성하는 데 도움을 줄 수 있다.
- 상자도 콩이나 신문지와 같이 자연에서부터 온 것이므로 수업을 지속적으로 연계하며 자연과 생명 또 보이지 않는 질서와 관계 등에 대해 이야기 나누어 볼 수 있다.

② 활동방법

- 1단계: 대(라면상자 크기) 중(20×20cm), 소(10×10cm) 크기의 세 가지 종류의 상자를 맘껏 던져 보고, 쌓아 보고, 온몸으로 체험하면서 상자의 특성과 던지면서 공간을 인식하고 크기에 따라 무게, 소리 등이 다르다는 것을 알 수 있다. 상자는 어디서 어떤 과정을 거치면서 우리가 만날 수 있는지 우리 생활 속에서 어떤 용도로 쓰이는지 또 그것이 어떻게 가능한지 생각해 볼 수 있다.
- 2단계: 색종이와 함께 표현하면서 상자의 재질과 구조를 비교하고 색종이와 같은 평면적인 2차원의 사물이 어떻게 입체적인 상자가 되는지 생각해 볼 수 있다.큰 상자 안에 작은 상자를 넣어 보고 또 각각 다른 크기의 상자 안에 주변의 것들을

담아 보며 양과 크기, 상자의 구조적 특징에 대해 탐구할 수 있다. 상자 안에 신체의 일부와 몸 전체가 들어갔다 나왔다 하며 안과 밖의 개념, 공간의 넓이, 깊이, 높이 등에 따른 특유의 소리, 공기의 진동 등이 다르다는 것을 알 수 있다. 누워 있거나 서 있는 신체의 모습대로 쌓아 보면서 신체개념 형성을 도와줄 수 있다.

- 3단계: 1, 2단계에서 경험했던 것들을 활용하여 여러 가지 쌓는 방법에 대해 탐구해 보고 일렬로 놓아 보기, 터널, 다리, 탑 등을 쌓아 보기, 건축물 등을 쌓아 봄으로써 주변 환경의 기본구조에 대해 파악하는 데 도움이 될 수 있다. 구체적인 활동내용은 다음과 같다.

③ 활동내용

- 활동시간: 50~60분
- 활동자료: 1단계–세 가지 크기의 상자, 동화책, CD 플레이어
  2단계–세 가지 크기의 상자, 색종이
  3단계–세 가지 크기의 상자

◈ 1단계(1~2주)

활동내용	활동목표
"상자는 신문지와 어떻게 다르지요?" –상자는 딱딱해요. –안에 담을 수 있어요. • 상자의 원재료와 용도에 대해 이야기 나눈다. • 나무, 숲과 관련된 동화책을 읽는다. "나무가 이렇게 여러 가지로 변할 수 있대요. 그러니까 이 상자들도 한때는 숲 속의 나무였어요. 상자가 우리에게 하고 싶은 말이 있나 봐요. 상자 안에 귀를 대고 잘 들어 보세요. 뭐라고 하나요?" • 10×10cm 크기의 상자를 바닥 가득 준비하여 던져 보고 쌓아 보고 길게 이어 보고 청각, 후각, 촉각 등 다양한 감각과 신체 표현을 이용하여 자유롭게 탐색한다. • 던질 때 팔을 힘껏 뻗어 멀리, 가까이, 혼자 또는 여럿이 함께 하여 상황에 따라 소리가 어떻게 달라지는지, 또 공기의 진동과 바람도 함께 느껴 본다. • 음악소리와 상자의 소리를 함께 이용하여 아동들 스스로 새로운 곡을 창작하게 해 본다. • 20×20cm 크기의 상자로 위와 같은 활동을 한다. • 라면상자를 준비하여 위와 같이 활동하며 세 종류의 상자를 비교한다.	• 콩, 신문지와 연계하여 자연, 생명 등 보이지 않는 질서와 관계에 대하여 생각하고 느낄 수 있다. • 면에 대한 개념을 구체적으로 경험하고 활용할 수 있다. • 상자의 크기에 따라 무게뿐만 아니라 그 안의 공기의 흐름과 진동도 달라진다는 것을 알 수 있다. • 자신의 몸과 주변의 사물을 수학의 기초단위로 활용하는 경험을 할 수 있다. • 크고 작은 상자를 이용하여 다양한 점, 선, 면의 느낌을 경험하고 표현할 수 있다. • 주변의 모든 사물에 마음이 있다고 생각함으로써 풍부한 상상력과 생동감 있는 표현력을 기를 수 있다.

◈ 2단계(3~4주)

활동내용	활동목표
"이 색종이로 상자를 만들려면 어떻게 하면 될까요?" • 색종이 허공에 날려 상자들과 어떻게 다른지 비교한다. • 작은 상자 안을 손으로 넣어서 공간을 느껴 본다. • 상자 안에 입을 대고 소리를 내어 본다. • 큰 상자 안에 들어가 본다. • 큰 상자 안에 작은 상자들을 넣어 본다. • 어떻게 하면 큰 상자 안에 작은 상자들을 많이 넣을 수 있을까 경험하게 한다. • 큰 상자의 앞뒤를 터서 이은 후 터널처럼 만들고 그 안을 몸으로 기어가 본다. 그 안에서 소리를 내어 본다. • 한 친구는 눕고 그 옆에서 몸의 전체 길이에 맞추어 상자를 이어 본다. • 팔과 다리를 옆으로 쭉 뻗고 그 모양대로 상자를 이어 본다. • 벽에 기대어 서 있는 친구의 키 높이만큼 쌓아 본다. **"우리 상자로 또 뭘 만들 수 있을까요?"** **-신발이요.** **-의자요.** **-자동차요.** **-벽이랑 침대요.** • 아동들이 상상한 것을 만들어 보게 한다.	• 색종이와 상자를 함께 표현하며 면이 6개가 모여 정육면체와 직육면체가 만들어지는 것을 알 수 있다. • 큰 상자 안에 작은 상자를 넣어 보며 크기와 넓이, 양, 부피, 숫자 등에 대해 이해할 수 있다. • 더해지고 빼지는 더하기와 빼기의 개념을 이해할 수 있다. • 안과 밖의 개념을 이해할 수 있다. • 공간의 다양한 변수에 따라 소리와 진동, 바람 등이 달라진다는 것을 알 수 있다. • 이동능력과 오리엔테이션 능력을 기를 수 있다. • 주변의 사물과 환경에 대해 민감하고 정교한 관찰력을 기를 수 있다.

◈ 3단계(5~6주)

활동내용	활동목표
"상자가 신문지와 색종이랑 가장 다른 점이 뭘까요? -쌓을 수 있고 세워 볼 수 있어요. "집과 터널 등을 만들 때 상자 모양과 신문지 모양 중 어떤 것이 더 쉬울까요?" • 상자를 일렬로 놓아 보게 한다. • 다리, 터널, 탑 등을 쌓아 본다. • 건축물 등을 만들어 본다. • 콩의 집은 어디일까? 나무가 살고 있는 집은? 고양이가 살고 있는 집은 어떻게 생겼을까?에 대해 이야기 나누며 여러 가지 집의 구조와 형태에 대해 상상하게 한다.	• 다리와 탑, 터널, 건축물 등의 기본 구조를 이해할 수 있다. • 주변의 모든 사물에 생명과 마음이 있다고 생각하고 교감할 수 있다. • 주변 환경을 스스로 통제하고 활용할 수 있다.

시각장애아를 대상으로 전개한 미술활동을 그림으로 나타내면 다음과 같다.

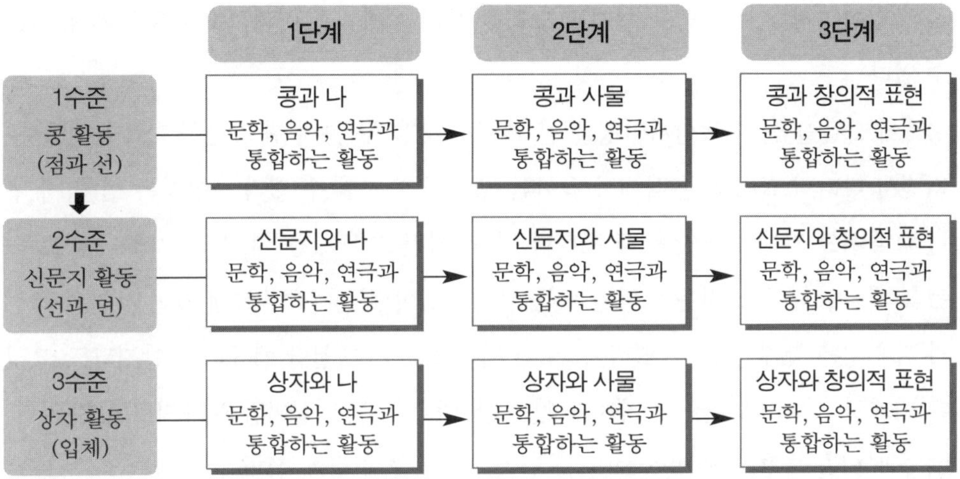

[그림 5-2] 시각장애를 위한 미술활동 전개

3) 교육효과

예술은 인간의 삶을 다루는 것이다. 우리 삶에도 조화와 균형, 강조, 변화, 리듬이 필요하듯이 이러한 조화, 균형, 강조, 변화, 리듬 등의 원리가 미술을 비롯한 음악, 문학, 무용, 연극 등 모든 예술에 적용된다. 그러므로 음악을 들으면서 그 음악에서 강약, 변화, 리듬, 조화 등을 느끼고, 그것을 그대로 미술로 표현할 수 있으며, 또한 미술에 있어서 표현의 원리와 표현하고자 하는 주제를 다른 예술장르와 통합하여 학습하게 되면 장애아로 하여금 듣고 보고 만지는 등 다양한 감각과 전신을 활발하게 움직이게 하여 감각통합과 협응능력을 도와줄 뿐 아니라, 훨씬 구체적이며 쉽게 이해하고 보다 폭넓게 느끼고 생각할 수 있게 해 준다. 예를 들어, 부드러운 곡선을 그저 언어나 시각위주로만 접하게 되면 시각이나 정신지체유아에게 추상적이고 어려운 개념일 수 있다. 그러므로 부드러운 느낌의 음악을 들으며 그 음악의 느낌에 맞추어 움직여 보면서 부드러운 곡선의 느낌을 우선 몸으로 느끼고 표현해 본 후 선 느낌의 물체, 즉 두루마리 휴지나 리본 테이프를 들고 전신을 움직여 표현하면서 나타나는 곡선의 이미지를 보면 더욱 쉽게 부드러운 선의 이미지를 이해하고 풍부하게 표현할 수 있다.

붓에 물감을 묻혀 액션페인팅을 할 때에도 붓을 두 손에 쥐고 온몸으로 물감을 뿌리면서 나타난 물감의 흔적에서 유아는 생동감을 느낄 수 있다. "이것은 힘 있게 뿌렸을 때이고 기분이 좋았을 때 표현한 거야. 저건 화가 났을 때, 이건 기운이 없고 슬펐을 때… 또는 부드러운 느낌을 주는 선이야." 이렇듯 미술표현에 있어 자신의 감정과 감수성을 함께 담을 수 있다. 고도의 기능을 갖춘 최첨단 컴퓨터라 할지라도 그것은 기계인 것이며 인간만이 가지고 있는 감, 즉 감수성과 심미감은 가지고 있지 않다. 예술과 미술의 표현에 있어 이렇듯 감각, 감정, 감수성과 심미감은 빼놓을 수 없는 것이다. 이러한 감정, 감수성은 내 몸과 나의 감각을 통해 직접 만났을 때 풍부해지며 또 거기서 나 자신만의 개별성, 살아 있는 감정의 표현, 생동감 등이 나오는 것이다.

미술을 표현하면서 자신의 내부에서 들려오는 소리에 귀 기울여 자기와의 직접적인 만남을 통하여 자기 자신을 자각하고, 또 자신의 영혼과 맞닿을 수 있도록 하여 보다 차원 높은 표현이 이루어질 수 있다. 나무를 주제로 장애아와 미술표현을 하고자 할 때에도 나무의 외형과 물리적인 지식에 치우친 표피적인 미술표현이 아닌, 보다 심미감을 높이고 좋은 미술표현을 위해서는 미술적 경험과 동화와 동시, 음악, 연극과 신체 표현 등이 함께 진행되어야 나무에 대한 깊은 이해와 통찰, 교감이 이루어지게 된다. 그리하여 지금 내 앞에 있는 나무만을 보는 것이 아닌 육체와 정신, 영혼이 통합되어 나와 사물, 우주 전체까지 모든 것이 함께 연결되어 있다는 것을 느끼게 된다.

2. 미술과 사회 · 문화적 환경과의 통합

'미술과 사회 · 문화적 환경과의 통합'을 위한 실제는 사회 · 문화적 환경 속에서 직접 실행한 프로그램인 〈청개구리들의 소풍〉〈숲 속 놀이창고〉〈숲 속 놀이터〉 등을 소개해 보고자 한다.

1) 청개구리들의 소풍

(1) 개요

① 기간: 2004년 5월 5일~5월 11일

② 장소: 세종문화회관 미술관 본관

③ 교사: 교사 18명, 자원봉사자 21명

④ 시간: 80분

(2) 교육목표

① 장애아와 비장애아와의 편견 극복

본 프로그램은 어린이날을 맞이하여 장애아에 대한 사회적인 시선과 거리감 등을 환기시키고 장애아와 비장애아가 함께 어울리는 전시와 놀이문화를 마련함으로써 서로의 편견으로부터 벗어나 함께할 수 있다는 공동체의식을 심어 주고자 한다.

② 미술활동을 통한 장애아의 자긍심 고취

본 프로그램은 장애아들이 미술감상뿐 아니라 제작하고 전시하는 등 예술문화 활동에 직접 참여할 수 있다. 이 과정을 통하여 장애아들의 창작활동에 대한 관심도를 제고할 수 있을 뿐 아니라 스스로 할 수 있다는 자긍심을 고취시켜 자립심을 키워 주는 데 일조하고자 한다.

③ 작가와 함께하는 미술전시회

작가와 장애아, 비장애아의 작품이 한자리에 전시되고 이 작품들이 함께 어우러져 또 하나의 공동체적인 창작물로 표현되게 하였다. 이 과정을 통해 작가들은 어떻게 작품을 표현하는지, 나의 작품에 대하여 다른 사람들은 어떻게 생각하고 반응하는지 피부로 느낄 수 있도록 한다.

④ 참여하는 미술전시문화

시각 중심적이며 수동적인 기존의 미술전시 방식에서 탈피하여 관객이 주체가 되어 참여하고 체험하며 놀이로 표현함으로써 능동적인 체험전시문화의 가능성을 제시하고자 한다.

⑤ 자연과 호흡하는 전시회

행사의 테마를 소박하고 자연적인 우리의 정서에 맞춤으로써 TV와 컴퓨터로 대변되는 흥미와 자극, 전자와 기계문명, 소음 등에 길들여진 우리의 어린이들에게 자연과 호흡하고 느낄 수 있는 경험을 제공한다. 함께한 부모에게도 어린 시절의 추억을 되살리고 각박한 사회생활에서 잠시 벗어나 삶의 여유를 경험하게 하여 가족 모두 소풍을 다녀온 듯 잔잔하지만 깊은 여운이 남는 행사가 되고자 한다.

(3) 활동내용

3개의 전시실에 각각 볼거리, 놀거리, 할거리라는 테마에 맞추어 전시하며 각 전시실의 내용은 다음과 같다.

① 제1전시실

- 테마–볼거리
- 성격–작가와 장애아, 비장애아 모두 함께 제작한 작품을 보면서 감상하는 곳

- 작품내용–들길 따라서, 당나귀 똥 미술관, 천천히 가는 미술관, 미꾸라지의 강, 대나무 숲, 얏! 벌집이닷, 돌멩이 사과

② 제2전시실

- 테마–놀거리
- 성격–작가와 장애, 비장애아가 제작한 작품을 가지고 놀면서 감상하고 표현하는 곳
- 작품내용–또르르르 토란잎, 꿈을 파는 가게놀이, 산들바람놀이, 추 흔들기, 함지박 드럼 치기, 사다리 타기

③ 제3전시실

- 테마–할거리
- 성격–관람객 모두가 직접 작품을 제작하고 그 작품을 전시하는 곳
- 작품내용–밀밭에서, 나무 이야기, 새집 짓기, 은빛나라 곤충마을, 민들레 여행

(4) 활동방법

① 봄 소풍을 미술관으로 가서 즐기는 형식으로 프로그램을 구성하였으며 세종문화회관 미술관 본관 3개의 전시실을 각각 볼거리, 놀거리, 할거리의 테마공간을 만들어 프로그램을 진행하였다.

② 작가와 장애아, 비장애아가 함께 만든 작품을 감상하고 또 작가가 만들어 놓은 작품을 가지고 놀 수도 있게 하였으며, 관람객 모두 작품 제작에 참여하여 만든 작품을 당일 전시하도록 하였다.

③ 자연을 소재로 하여 누구나 친근하게 참여하여 제작하고 전시할 수 있도록 하였다

④ 전시된 장애아 작품에 대해 편견 없이 순수하게 감상할 수 있도록 장애아와 비장애아의 작품을 구분하지 않고 전시하였다.

⑤ 각 전시실에 지도교사 및 자원봉사자를 18~20명씩 배치하여 장애아의 제작과 감상, 전시활동을 도와주도록 하였다.

2) 숲 속 놀이창고

(1) 개요

① 기간: 2005년 7월 8일~9월 11일

② 장소: 코엑스 본관 1층 특별관

③ 교사: 교사 28명, 자원봉사자 21명

④ 시간: 80분

(2) 교육목표

① 도심 속에서 즐기는 자연친화놀이

누구에게나 친숙한 흙과 물, 나무와 벌레, 바람소리와 풀벌레소리 등 가공되지 않은 자연의 원재료를 사용하여 장애아도 직접 자신을 표현하고 참여할 수 있도록 한다.

② 음악과 신체 표현 등이 가미된 통합적 미술활동

장애아동들이 시각, 촉각, 청각, 후각 등 다양한 감각과 신체를 활용하고 예술의 영역을 구분 없이 함께 표현하게 함으로써 쉽고 재미있게 자연을 이해하고 제작할 수 있도록 한다.

③ 아름다운 추억이 있는 감성체험놀이

자연을 온몸으로 느끼면서 스스로 작가가 되어 자유롭게 자신의 생각을 표현하고 재미있는 이야기를 만들어 보도록 한다.

(3) 활동내용

3개의 전시실에 각각 물 놀이터, 바람 놀이터, 흙 놀이터라는 테마에 맞추어 공간을 구성하였으며 각 놀이터의 미술활동의 내용은 다음과 같다.

① 제1전시실

• 테마–물 놀이터

• 내용–날아다니는 비눗방울 찍기 놀이, 빗자루 붓과 함께하는 그림여행, 빗방울과 이야기 나누기

② 제2전시실

• 테마–바람 놀이터

• 내용–바람요정 되어 보기, 그림자 놀이, 숲 속 바람 맞이하기, 꽃잎 날리기

③ 제3전시실

• 테마–흙 놀이터

• 내용–숲 속 작은 동산 만들기, 산골 작은 밥상 차리기, 여우 굴 파 보기, 술래잡기

(4) 활동방법

① 150평 규모의 코엑스 1층 특별관에 각 50평씩 숲 속의 창고 형태의 집을 3채 지었으며 그 안에 각각 물을 주 소재로 놀면서 표현하는 물 놀이터, 바람을 주 소재로 놀면서 표현하는 바람 놀이터, 흙을 주 소재로 놀면서 표현하는 흙 놀이터를 만들었다.

② 시냇물과 들꽃, 나무, 장수풍뎅이와 달팽이, 귀뚜라미, 두꺼비, 송사리, 쉬리, 빠가사리, 옹기토 등을 설치하여 실제의 자연과 가깝도록 공간을 연출하였다.

③ 누구나 작가가 되어 참여할 수 있는 조형놀이 형식으로 구성하였다.

④ 맨발로 뛰어다니며 맘껏 흙과 물, 바람을 느끼고 표현할 수 있게 하였다.

⑤ 각 놀이터에 6명의 교사와 6명의 자원봉사자를 배치하여 장애아의 표현활동을 도와주었다.

3) 숲 속 놀이터

(1) 개요

① 기간: 2005년 12월 30일~현재

② 장소: 서울 남산 N서울 타워

③ 교사: 교사 28명, 자원봉사자 21명

④ 시간: 80분

(2) 교육목표

① 장애아들에게 학교 밖의 문화현장에서 미술활동을 체험할 수 있는 기회를 주어 그들의 미술활동을 고무시키고 문화 창조의 주인이 될 수 있도록 도와준다.

② 장애아들에게 인간문명과 자연을 통합적으로 사고하는 인식력을 함양시킨다.

③ 장애아들에게 세상의 사물이 가지고 있는 아름다움을 재발견하게 한다.

④ 장애아들이 체험한 미적인 감동을 스스로 표현할 수 있는 능력을 배양한다.

⑤ 장애아들이 미적 체험과 표현을 통해 자기 정체성을 확인하고 주체적인 인간으로 성장할 수 있는 계기를 마련한다.

⑥ 미술을 통해 장애아와 비장애아가 함께 어울리는 놀이문화를 마련함으로써 서로에 대한 편견에서 벗어나 함께할 수 있다는 공동체의식을 심어 준다.

(3) 활동내용

① 흙을 통하여 자연의 미 재발견 및 오감의 표현력 개발
흙 놀이터-동굴 탐험, 숲 속 마을 만들기, 흙과 함께 이야기 나누기

② 물을 통하여 자연의 미 재발견 및 오감의 표현력 개발
물 놀이터-시냇물 놀이하기, 물로 조각하기, 물 위에 그림 그리기

③ 바람을 통하여 자연의 미 재발견 및 오감의 표현력 개발
바람 놀이터-바람요정과 춤추기, 바람으로 그림 그리기, 오색꽃잎 날리기

④ 흙, 물, 바람을 통해 느끼고 표현한 경험을 종합적으로 정리-자연과 인간, 미의 경험과 표현 등에 대해 다시 한 번 생각하기, 숲 속 극장-소나무님이 들려주는 숲 속 이야기

(4) 활동방법

① 흙과 물 등 자연의 기본요소를 원재료로 사용하여 장애아들이 친숙하게 미술활동에 참여할 수 있도록 하며, 자연을 삶의 공간으로 인식하고 자연과 교감하며 인간 본래의 감성과 잠재능력을 되살려주어 밝고 활기차게 살아갈 수 있도록 한다.

② 스케치북, 크레파스, 색종이와 가위 등 정적인 미술활동에서 벗어나 다양한 감각과 신체활동을 유도하여 만지고 보고 듣고 뛰어 보고 매달리고 숨고 던지고 날려보는 등 놀이와 같이 자발적으로 접근할 수 있도록 해 주며, 사물과 자신의 신체 이미지를 보다 구체적이고 섬세하게 인식할 수 있도록 도와주어 다양한 사고와 표현을 할 수 있도록 한다.

③ 미술과 음악, 신체 표현, 문학 등을 통합한 조형활동으로 장애아들이 미술의 기본요소와 개념을 쉬우면서 폭넓게 이해할 수 있도록 한다.

④ 놀이를 통한 조형활동을 통하여 지시나 통제가 아닌 자율적인 학습공간으로서 자연의 상태를 스스로 변화시키고 통제하며, 자신이 한 일에 대한 인과관계를 인식하면서 자신의 능력을 발견하고 스스로 학습할 수 있는 능력을 길러 줄 수 있도록 한다.

4) 교육효과

〈청개구리들의 소풍〉은 각종 화려한 행사와 공연 등이 넘쳐나는 어린이날에 '장애아와 함께하는 미술전시행사에 많은 관람객들이 참여하지 않을 것이다. 장애아와 장애부모, 특수학교 교사들은 대외적인 문화예술활동에 관심이 없으며, 이동과 접근성의 어려움 때문에 장애아의 참여율이 매우 저조할 것이다.' 라는 우려에도 불구하고 성황리에 마칠 수 있었다.

개최 일주일 전 이미 80%의 예매가 이루어졌으며 매일 1,000여 명의 관람객이 입장하여 총 6,000여 명의 관람객이 참여하였고, 장애아의 참여율도 높아 프로그램 기간 중 1,000여 명의 장애아가 참여하였다. 참여한 장애아는 특수학교 체험학습 프로그램의 일환으로 참여하거나 개별적으로 부모님과 함께 참여하였다.

제1전시실인 '볼거리' 에 전시된 작품 제작에 참여한 특수학교는 성베드로학교, 수도사랑학교, 밀알선교학교 등이었으며, 각 특수학교에서 미술교과시간과 특기 적성 활동시간 등을 활용하여 자연에 관련된 소재를 제작하여 그중 100여 명의 장애아동 작품이 전시되었다.

서울지역 중심의 장애아가 참여한 〈청개구리들의 소풍〉과는 달리 〈숲 속 놀이창고〉는 경기, 인천, 대전, 충북, 충남, 강원 등 문화적으로 열악한 지역의 중증 장애아들이 중심으로 참여하였다. 프로그램 기간 중 장마철이어서 소나기가 내리는 등 궂은 날씨임에도 불구하고 강원, 충청지역 등 먼 곳에서 휠체어를 타고 오는 장애아도 있었다. 이 외에도 개별적으로 신청한 특수학교와 특수학급, 복지관, 부모와 함께 개별적으로 참여한 장애아의 수는 403명으로 총 1,403명의 장애아동이 참여하였다. 〈숲 속 놀이터〉는 2006년 10월 30일까지 1,987명의 장애아동이 참여하여 장애아 미술교육에 대한 사회적 관심의 확대가 필요하다는 것을 환기시키는 계기가 되었다.

이와 같이 학교 밖을 넘어선 사회 · 문화환경과의 통합 미술교육 프로그램은 장애아로 하여금 미술활동이 낯선 것이 아니라는 것을 인식하게 하고, 폭넓은 문화예술 활동을 체험하게 하며, 자연에 대해 새로운 인식을 하는 계기가 될 수 있다. 지적 장애아들이 일반 문화예술 현장에 관람하였을 경우 그 내용을 이해하기가 쉽지 않고, 발달장애아들은 어느 한곳에 착석하기가 힘들며, 낯선 환경에 금방 적응하기가 힘들어 비장애아와 함께 관람하기가 쉽지 않다. 시각과 청각장애아의 경우도 각각 시각과 청각의 장애로 인해 일반 문화예술 현장에서 비장애아와 똑같이 즐기고 이해하기가 쉽지 않았다.

하지만 자연소재와 일상소재를 통한 프로그램인 〈청개구리들의 소풍〉 〈숲 속 놀이창고〉 〈숲 속 놀이터〉 등은 시각, 청각장애아뿐 아니라 발달장애아동들도 자신들이 활용할 수 있는 감각기관을 통하여 직접 참여하여 즐거운 시간을 보낼 수 있다. 이 프로그램들은 장애아들이 미술관, 박물관, 전시장 등에서 수동적인 관람자가 아니라 주체적인 참여자로서 미술작품 감상뿐 아니라 제작과 전시 등의 행위에 직접 참여할 수 있다는 점에서 다른 미술교육 프로그램들보다 효과적인 미술교육이라고 할 수 있으며, 미술활동을 통한 사회와의 통합을 이루는 데에도 도움을 주었다고 할 수 있다.

참고문헌

강수균, 이규식, 전헌선, 최영하(1999). 감각, 운동, 지각훈련. 대구: 대구대학교 출판부.

강영주(2006). 21세기와 현대미술. 서울: 예술의 전당.

교육부(1998). 유치원 교육과정 해설. 서울: 교육부.

교육부(1998). 특수학교 교육과정 해설 (Ⅰ). 서울: 교육부.

교육부(1998). 특수학교 교육과정 해설 (II). 서울: 교육부.

교육부(1998). 특수학교 교육과정. 서울: 교육부.

구휘웅, 김영우, 최향섭, 이해균(1998). 시각장애학생 체육과 지도자료. 서울: 국립특수교육원.

김근영(1992). 운동심리학 입문. 서울: 보경문화사.

김승국(1992). 특수교육 전략. 서울: 도서출판 특수교육.

김용(1999). 노자와 21세기. 서울: 도서출판 통나무.

김정권(1993). 포스트모더니즘과 제7차 교육과정. 국립특수교육원.

김정권, 이유훈(2002). 특수교육과정 운영론. 서울: 도서출판 특수교육.

김정희(2002). 슈타이너 교육이념에 기초한 미술교육의 이론과 실제. 조형교육, 20(가을), 81-106.

김지하(2002). 고대와 새 예술. 서울: 나남출판사.

김현재, 김명자, 김복영(2001). 교육과정 담론의 새 지평. 서울: 도서출판 원미사.

남기영, 허우성, 김수중, 정연교, 최정식(1997). 인간이란 무엇인가. 서울: 민음사.

문화관광부(2005). 장애인 문화예술교육 종합계획 수립 연구. 문화관광부.

박경숙(1991). 감각통합의 원리와 지도방법. 서울: 도서출판 특수교육.

박병운, 정재서(1998). 기와 21세기. 서울: 양문출판사.

박영만, 송민영(2003). 통합교육과정과 전인교육. 서울: 학지사.

박은혜, 김미선, 김수진, 강혜경, 김은숙, 김정연, 이명희(2004). 장애아동을 위한 미술교육. 서울: 학지사.

백영, 권영욱, 김태황, 박숙경, 윤상용(2005). 장애인 문화예술교육종합계획 수립연구. 문화관광부.

(사)한국특수교육총연합회(2006). 전국특수교육요람. 서울: (사)한국특수교육총연합회.

손병규(1992). 기와 인간과학. 서울: 여강출판사.

손지현(2006). 다문화미술교육의 확장. 미술과 교육, 7(2), 21−38.

양경희(1997). 21세기를 위한 열린 아동미술교육. 서울: 학지사.

양경희(2002). 미술활동의 통합적 접근방법. 한국아동미술학회지, 1, 75−91.

양경희, 박원희(2006). 21세기 문화예술동향에 따른 장애아 미술교육 프로그램 모색. 한국특수교육학회, 41(1), 157−181.

오창우(2003). 시각장애 유아 양육자의 점자 인식에 관한 연구. 단국대학교 특수교육대학원 미간행 석사학위 청구논문.

유혜경(1998). 예술교육. 서울: 두산동아.

이광래(1991). 철학적 언설로서의 포스트모더니즘. 포스트모더니즘과 문화. 서울: 문예출판사.

이미경 (2003). 특수학교 미술교육실태와 개선방안에 관한 연구. 강원대학교 대학원 석사학위 청구논문.

이순형 (1990). 특수아동 발달과 지도. 서울: 중앙적성출판사.

이윤이(1989). 청각장애아의 바람직한 미술교육방안의 모색. 인하대학교 대학원 미간행 석사학위 청구논문.

이재진(1981). 중복장애아의 인물화 표현 특징에 대한 연구. 동아대학교 교육대학원 미간행 석사학위 청구논문.

이정우(2006). 철학으로 미술읽기. 서울: 예술의전당 편집부.

이태수(2002). 동양사상을 통해본 장애 및 장애인관. 특수교육아동연구, 9, 173-208.

임안수(2000). 시각장애아교육 기초. (사)한국시각장애인연합회.

정정숙(2003). 다문화미술교육이론의 탐색. 서울: 도서출판 예경.

정정호, 이소영 편(1991). 포스트모더니즘 개론-현대문화와 문학이론. 서울: 한신문화사.

주리애(2000). 미술치료는 마술치료. 서울: 학지사.

진중권, 조이한(2003). 천천히 그림읽기. 서울: 웅진지식하우스.

최미경(2003). 미술교육이론의 탐색. 서울: 도서출판 예경.

최재영(2004). 미술치료를 위한 창조성과 치유에 관한 고찰. 아동미술교육, 3, pp. 135.

한국교육대학(1984). 미술교육. 서울: 형설출판사.

한준상(1999). 호모 에루디티오. 서울: 학지사.

한준상(2001). 학습학. 서울: 학지사.

Ayres, A. J. (1979). *Sensory integration and the child.* Los Angeles: Western Psychological Services.

Beittel, R. (1994). *ALTERATIVES for ART EDUCATION RESEARCH.* 창의적인 미술교육연구의 다양성(노재우 역). 서울: 미술공론사.

Dilger, S. C. (1994). Developing policy and programs for multicultural art education: curriculum and instruction responsive to cultural diversity, *Art Education, 47*(4), 49-53.

Doll W. E. Jr., (1997). *A Postmodern Perspective on Carriculum.* 교육과정과 포스트모더니즘의 시각(김복영 역). 서울: 교육과학사.

Efland, A. D. (1996). *A History of Art Education.* 미술교육의 역사(박정애 역). 서울: 예경출판사.

Eisenberg, N. (1986). *Altruistic emotion, cognition, and behavior.* NJ: Lawence Erlbaum Associates, InC.

Eisenberg, N., & Mussen, P. H. (1989). *The roots of prosocial behavior in children.* New York: Cambridge University Press.

Eisner, E. W. (1972). *Educating artistic vision.* NY: MacMillan Publishing Co., Inc.

Eisner, E. W. (1988). *The Role of Discipline–Based Art Education in America' s School*. The Getty Center for Education in the Arts.

Epstein, M. H. Cullinan, D., & Polloway, E. A. (1986). Patterns of maladjustment among mentally retarded children and youth, *American Journal of Mental Deficiency, 91*, 127–134.

Featherstone, M. (1988). In pursuit of the postmodernism: an introduction, *Theory, Culture & Society, 5*, 207.

Heidegger, M. (1997). *Der Ursprung des Kunstwerkes*. 예술작품의 근원(민형원, 오병남 공역). 서울: 예전사.

Ingalls, R. P. (1987). *Mental retardation: the changing outlook*. New York State Dept. of Mental Hygience.

Lyotard, J–F. (1992). 포스트모던적 조건(이현복 역). 서울: 서광사.

Lyotard, J–F. (1993). 지식인의 종언(이현복 역). 서울: 문예출판사.

McNear, D. (2000). Arts education. In A. J. Koenig & M. C Holbrook (Eds.), Foundations of education: *Instructional strategies for teaching children and youths with visual impairments* (pp. 400–436). New York: AFB Press.

Merleau–Ponty, M. (2002). 지각의 현상학(류의근 역). 서울: 문학과 지성사.

Miller, J. P. (2002). *The Hollistic Curriculum*. 홀리스틱 교육과정(김현재 역). 서울: 도서출판 책사랑.

MFACS (1997). *Minnesota frameworks for arts curriculumstrategies*. Golden Valley: Minnesota Center for Arts Education.

Schirrmacher, R. (1988). *Art and Creative Development for Young Children*. NY: Delman Publisher. Inc.

Van Loon, H. W. (2004). *The Arts*. 세계예술의 역사(곽복록 역). 서울: 문화문고.

Wellman, C. (1994). Art education and children with visualimpairments. *B.C. Journal of Special Education, 18*, 132–139.

찾아보기

저자 소개

양경희

〈학력 및 경력〉
이화여자대학교 교육대학원 미술교육전공 (교육학 석사)
단국대학교 대학원 특수교육학과(교육학 박사)
경민대학 유아교육과 겸임교수(전임강사)
삼육의명대학 아동미술과 겸임교수(조교수)
2004년 세종문화회관 〈청개구리들의 소풍〉 총괄기획
2005년 코엑스 〈숲 속 놀이 창고〉 연출 및 구성
2006~2007년 서울 N타워 〈숲 속 놀이터〉 연출 및 구성
2007년 이화여자대학교 미술관 〈자연과 아이가 함께 하는 디자인 콘서트〉 디렉터
전 통합조형교육연구소 프리두 소장
현 단국대학교 특수교육과 학부, 대학원 출강

〈주요 저서〉
『4계절 창작공예교육』(공저, 학연사, 1995)
『창의적인 조형활동』(다음세대, 1996)
『21세기를 위한 열린 아동미술교육』(학지사, 1997)
『다음세대를 위한 미술활동집』(다음세대, 1998)
『열린교육을 위한 창의적인 작업활동』(학지사, 1998)
『엄마가 어떻게 그림지도를 하나』(감수, 대교, 1999)
『나도 화가가 될 수 있어요』(공저, 예경, 2000)
『유아를 위한 조형활동의 통합적 접근』(공저, 창지사, 2001)
『발달지체아를 위한 미술활동집』(공저, 다음세대, 2005)
『새로운 개념에 기초한 아동미술교육』(학지사, 2008)
외 논문 다수

박원희

〈학력 및 경력〉
단국대학교 사범대학 특수교육과 졸업(문학사)
미국 The Wichita State Univ.(M.A.)
중앙대학교 대학원 교육학과 졸업(교육학박사)
전 단국대학교 사범대학 학장
현 단국대학교 사범대학 특수교육과 교수

〈주요 저서 및 논문〉
『중증정신지체 · 중복장애인을 위한 생활중심발달지도서』(편저, 교육과학사, 1998)
『특수교육과 장애인복지의 이해』(공저, 양서원, 2003)
『살아 있는 특수교육 이야기-이론과 실제-』(공저, 북카페, 2006)
「중도 · 중복 장애인 여가활동 프로그램의 방향-평생학습차원을 중심으로-」 외 논문 다수

장애아를 위한 통합적 미술교육

2008년 7월 25일 1판 1쇄 인쇄
2008년 7월 30일 1판 1쇄 발행

지은이 • 양경희 · 박원희
펴낸이 • 김진환
펴낸곳 • 학지사
121-837 서울특별시 마포구 서교동 352-29 마인드월드빌딩 5층
대표전화 • 02)326-1500 / 팩스 02)324-2345
홈페이지 • http://www.hakjisa.co.kr
등 록 • 1992년 2월 19일 제2-1329호

ISBN 978-89-5891-737-3 93370

정가 12,000 원